Melhor
do Bras
nos EUA
- 2021 -

HIGH PROFILE
MAGAZINE

Promotor Oficial da Premiação
Melhor do Brasil nos EUA

Rafael dos Santos

Organizador

Premiação
- 2021 -

Melhor
do Brasil
nos EUA

1ª Edição

Setembro / 2021

HIGH PROFILE
MAGAZINE

Londres - Inglaterra

Coordenação Geral do Projeto: **Rafael dos Santos**
Coordenação Editorial: **Blenda Bortolini**
Capa: **Roma Joyce**
Revisão: **Blenda Bortolini**
Gerente operacional: **Andiara dos Santos**
Projeto gráfico e diagramação: **Tarlei E. de Oliveira**

Título original:

Premiação 2021 – Melhor do Brasil nos EUA

**Dados Internacionais de Catalogação na Publicação (CIP)
de acordo com ISBD**

M521	Melhor do Brasil nos EUA 2021 / organização Revista High Profile - Londres, Inglaterra, Rafael dos Santos, 2021.

216 p. : il. ; 15,6 cm x 23,39 cm.
Inclui bibliografia, índice e anexo.

1. Biografias. 2. Brasileiros. 3. EUA. 4. 2021. I. Santos, Rafael dos. II. Título.

2021-533
CDD 920
CDU 929

Elaborado por Vagner Rodolfo da Silva – CRB-8/9410

Índice para catálogo sistemático:
1. Biografias   920
2. Biografias   929

1ª Edição – Setembro 2021
Local da primeira Impressão: Londres

Contato do organizador
Rafael dos Santos
Editor-chefe da *Revista High Profile*
www.rafaeldossantos.com

Editora Creative Space (Amazon)

Sumário

Palavra do Organizador

RAFAEL DOS SANTOS

Crédito da foto: Andrei Koscina

É com muito orgulho que venho apresentar esta coletânea de biografias de profissionais brasileiros fantásticos que moram nos EUA.

A Premiação "Melhor do Brasil nos EUA" foi criada para prestigiar e premiar os brasileiros que estão vencendo os seus desafios e ao final do evento, uma grande família foi criada e unida.

Fiquei muito orgulhoso de poder ter facilitado um evento que trouxe muita alegria, prestígio, união e amizade entre brasileiros nos Estados Unidos.

Nós, brasileiros que vivemos no exterior, temos de trabalhar duas, se não dez vezes mais duro que um americano no seu país de origem, porque, além de ter de aprender a viver numa nova nação com um clima diferente, leis diferentes, temos de aprender uma nova língua e adaptarmo-nos a uma nova cultura, umas das partes mais difíceis do processo de imigração.

Uma vez que nós nos adaptamos e estamos bem, muitos de nós aventuramo-nos a começar nossos próprios negócios, competindo com os residentes locais, que falam a língua bem e não têm problema para comunicar-se.

O evento contou com as presenças ilustres de Luiza Brunet, Ângela Hirata, e brasileiros profissionais e empreendedores que estão "fazendo e acontecendo" na América.

Durante o evento on-line, emocionamo-nos ouvindo o hino nacional, o que mostra que não importa onde nós moramos ou quão longe estejamos da nossa pátria, o amor pelo nosso Brasil não diminui ou passa. Após o hino nacional, tivemos a participação da Sua Majestade a Rainha Diambi da República do Congo e personalidades ilustres como a Ângela Hirata, o mestre de capoeira Beto Simas (mestre Boneco), a campeã olímpica de vôlei Bárbara Seixas e o DJ João Brasil, que enviaram mensagens parabenizando os finalistas da premiação.

Com o livro, queremos imortalizar o evento e mostrar a história dos finalistas e vencedores que são pessoas trabalhadoras, dignas e honestas e merecem muito o nosso respeito.

Leiam e compartilhem as histórias dos brasileiros que são os Melhores do Brasil nos EUA 2021.

Parabéns a todos que foram nomeados, que foram finalistas e que foram vencedores. A todos vocês, o meu respeito e admiração.

Agradeço, de coração, à minha equipe, principalmente à Andiara dos Santos, minha irmã, que está sempre ao meu lado, e ao meu grande amigo Gilson, que sempre se dispõe a ajudar nos meu projetos pessoais e empresariais.

Rafael dos Santos

Apresentação

DYANDREIA VALVERDE PORTUGAL

É sempre um desafio apresentar um projeto editorial, pois temos que compreender sua "alma", a sua essência, verificar se o idealizador e organizador do projeto conseguiu atingir seu objetivo e, então, relatar tal resultado.

Natural, porém, que todo livro de constituição nova exija explicação, perfunctória que seja, de sua origem e finalidade, e, à vista disso, aqui me encontro, fiel ao compromisso assumido com o organizador desta obra, o multifacetado empreendedor Rafael dos Santos, de quem, muito honrada, aceitei assinar esta apresentação e a quem, também, respeito pelo trabalho sério e eficiente que realiza.

Rafael dos Santos é o CEO e cofundador da Guided-PR.com, uma startup de tecnologia que conecta jornalistas a empresários. Ele também é o editor-chefe da revista *High Profile*. Rafael possui MBA e tem 18 anos de experiência em administração de empresas. Ele também é colaborador de negócios da Forbes e tem quatro livros publicados, sendo um natural colecionador de prêmios e conquistas, porém, antes de tudo, é um comunicador por natureza e talento. Corajoso e destemido, ele segue em frente, galgando espaços, investindo naquilo que acredita.

"Todos os seus sonhos podem se tornar realidade se você tiver coragem para persegui-los."

"Se você pode sonhar, você pode fazer."

"Eu gosto do impossível porque lá a concorrência é menor."

As frases acima foram proferidas por Walt Disney, mas poderiam ser máximas do Rafael dos Santos, pois assim ele pauta a sua vida. Um exemplo disso é o projeto apresentado nesta obra que temos em mãos, na qual dezenas e dezenas de migrantes radicados nos EUA possuíram a chance de serem reverenciados com o objetivo de trazer à luz suas produções e realizações.

É certo que todo imigrante possui incontáveis desafios, como adaptação aos costumes, culturas, clima, idioma e às leis. Todavia o brasileiro é fantástico: sempre se adapta e se supera, apesar das inúmeras adversidades. No entanto, essa jornada é muito árdua, e aqueles que não passam por essa experiência não podem mensurar como é difícil tal processo.

Portanto, quando surge pelo caminho, não uma pedra, como diria Carlos Drummond de Andrade, mas um projeto tal qual o "Melhor do Brasil", que possui como objetivo prestigiar e premiar os brasileiros que estão empreendendo e sendo bem-sucedidos em suas realizações pelo mundo, temos a certeza de que uma grande chance para o reconhecimento pessoal está em jogo.

Já em sua segunda edição – a premiação já teve versão na Europa como o *"Melhor do Brasil na Europa"*, um evento de sucesso em 2020, com mais de 4 mil pessoas assistindo ao vivo pelas redes sociais –, agora chega aos EUA, o *"Melhor do Brasil nos EUA"*, consagrando-se como uma das maiores premiações mundiais para Brasileiros que moram no exterior, rumo à premiação "Melhor do Brasil no Mundo".

A premiação e todo o desenvolvimento do projeto são organizados pela revista *High Profile*. Essa realização envolve muitos meses de trabalho sério e comprometido, e a implicação de inúmeros profissionais, entre equipe de trabalho, jurados, apoiadores, patrocinadores e relevantes personalidades.

Na etapa das premiações dos EUA, podemos destacar a participação ilustre da atriz e ativista Luiza Brunet e de Sua Majestade a Rainha Dambi, da República do Congo, além de personalidades, como: Ângela Hirata, o mestre de capoeira Beto Simas (mestre Boneco), a campeã olímpica de vôlei Bárbara Seixas e o DJ João Brasil.

Trata-se de um projeto de enormes proporções e de grande valorização para aqueles brasileiros que produzem no exterior. Desta forma, no dia 21 de maio de 2021, às 19h (horário de Nova Iorque) ocorreu a cerimônia de gala de premiação *"Melhor do Brasil nos EUA"* (de forma virtual, devido à pandemia), que premiou 27 categorias, dentre elas, o "Prêmio 'Luiza Brunet' de enfrentamento contra a violência à mulher". Foram 90 finalistas dentre 270 participantes.

Esta coletânea não terá o poder de retratar tudo o que foi vivido naquele grande momento, mas redimensiona a prática das ações dos concorrentes e premiados, possibilitando-nos conhecer as biografias de profissionais brasileiros fantásticos radicados nos EUA, por conseguinte vem reafirmar, e divulgar para o mundo, o resultado dessa premiação. E, por que não dizer, também registrar para a posteridade esses feitos, visto que este é o legado de cada participante. Esses brasileiros incríveis lançaram-se sem medo do desconhecido, estão ultrapassando desafios, galgando conquistas e mostrando que são muito, muito, capazes. Nessas páginas, encontramos histórias emocionantes de muito trabalho e superação.

Esse projeto é uma colossal conquista para todos os brasileiros que necessitavam de um espaço de visibilidade e promoção, um apoio para que, em um esforço conjunto, pudessem mostrar ao mundo as suas respectivas potências individuais. Muitos já venceram e encontraram seu espaço ao sol, outros estão em franca batalha, mas todos com algo em comum: o talento e a garra brasileira.

Parabenizo, sensibilizada e consciente da importância desta laboração, o seu idealizador, Rafael dos Santos, todos os envolvidos para a sua realização – da equipe de trabalho aos apoiadores – e, principalmente, os brasileiros participantes radicados nos EUA, vencedores ou não, que tiveram a chance de serem reverenciados, de virem a todos nós, que os aplaudimos. Foi muito inspirador conhecer suas histórias, suas trajetórias. Eles representam mais do que profissionais produtivos, representam a força brasileira no mundo! E estou muito orgulhosa de cada um!

"Juntos, somos mais fortes!" é o lema da *Rede Sem Fronteiras*, e, agora como parceira oficial deste grande projeto e radicada em Portugal, honra-me dizer que estamos juntos, em um só ideal: destacar o *Melhor do Brasil* por todo o mundo! Sigamos em frente!

Um abraço fraterno,

Dyandreia Valverde Portugal

Presidente da Rede Sem Fronteiras

Introdução

BLENDA BORTOLINI

Todo projeto inicia-se de um sonho e de uma iniciativa. Iniciativa é o que não faltou em Rafael, e nem sonhos. Este jovem sonhador e talentoso empreendedor imigrante brasileiro tem sua marca no exterior. Sua linda e desafiadora trajetória inspirou O projeto *Melhor do Brasil na Europa 2020* e agora nos EUA, criando uma vitrine de oportunidade para todos os envolvidos. Rafael acrescentou neste projeto oportunidades de negócios e visibilidade. Ele é uma prova viva de que sonhar faz bem e sonhar em conjunto, é melhor ainda.

Este jovem empreendedor, de origem humilde, nasceu em Santa Catarina, filho de um pescador e de uma dona de casa. Seus pais se mudaram para Santos (litoral de São Paulo) para que Rafael e suas duas irmãs tivessem acesso a uma boa educação. Seus pais foram os primeiros investidores na vida do Rafael e irmãs.

Aos 21 anos, Rafael mudou-se para Londres, após morar 2 anos em São Paulo, uma das maiores cidades do mundo. Ele deixou o emprego de analista de suporte para aprender inglês em Londres. Entre 2001 e 2003 Rafael trabalhou como lavador de pratos em restaurantes, faxineiro, catador de copos em bar e garçom, para poder pagar suas despesas. Em 2003, surgiu uma oportunidade e ele começou a administrar casas. Entre 2005 e 2014, ele dirigiu seu próprio negócio – uma agência que administrava e alugava quartos em *flatshares*. Por 12 anos, Rafael alugou quartos para mais de 2.000 migrantes (jovens profissionais e estudantes) em Londres. Ele aumentou o portfólio sob sua gestão de 1 para 75 casas, 15 funcionários e um volume de negócios de sete dígitos. Em 2013, Rafael escreveu o livro – *Moving Abroad, One Step At A Time* – publicado em inglês, português e chinês e em Cingapura e Malásia.

Em 2015, Rafael decidiu apoiar empresários migrantes a iniciarem e expandirem os seus negócios. O primeiro projeto piloto foi o *Migrant Business Accelerator* – um programa de 16 semanas em que 10 migrantes foram selecionados para participar de workshops em *marketing*, finanças e operações e 25 mentores estão doando seu tempo para ajudar os participantes a lançarem os seus negócios.

Hoje, o Rafael é professor convidado em duas universidades de Londres. Na Regent's University, ele ensina empreendedorismo, e na South Bank University, ele é professor de relações públicas.

Rafael já ganhou sete prêmios de negócios e foi o palestrante principal em centenas de eventos ao redor do mundo, incluindo o Fórum Mundial de Empreendedorismo na China, onde falou para um público de 1000 pessoas.

Mais recentemente, Rafael foi listado no *Sunday Times* como o "Top 100 Most Inspiring Entrepreneurs in the UK" e ganhou um prêmio por sua TED Talk "What it takes to be a migrant entrepreneur", que já foi assistida por mais de 157 mil pessoas.

O Rafael é o CEO e o editor-chefe da *High Profile*, versão em português e inglês.

Presta serviços em consultoria e assessoria de imprensa, marketing e como crescer o seu negócio na Inglaterra.

Não tenham dúvidas, entrem em contato com o Rafael do Santos pelo site *www.rafaeldossantos.com*, façam bons negócios, abram suas asas e voem.

Blenda Bortolini

Prefácio

LÚCIA AEBERHARDT

Caro Leitor,

Este livro é o resultado de incansáveis dias e noites de trabalho, realizado por Rafael dos Santos e sua equipe.

A Premiação Melhor do Brasil nos Estados Unidos (on-line) foi mais um marco na história dos brasileiros no exterior.

Para os que não conhecem, em 2020, Rafael dos Santos, em plena pandemia, lançou o evento on-line intitulado "Premiação Melhor do Brasil na Europa", que foi um sucesso de público nas plataformas digitais.

Agradeço, de forma especial, o convite que recebi do Rafael para fazer o prefácio desta obra e participar ativamente em todo o processo de criação e realização de cada premiação. São pessoas como Rafael dos Santos que, em um mundo caótico no qual estamos inseridos, faz a diferença com projetos para apoiar, edificar, exaltar e premiar homens e mulheres que, através de seus trabalhos, destacam-se na diáspora brasileira nos Estados Unidos. Todos vocês são dignos de receber não somente um prêmio, mas respeito, confiança e credibilidade.

Como brasileira empreendedora na Suíça, sei o quanto temos que trabalhar duro até adquirir nosso lugar ao sol. Assim sendo, valorizo a construção de pontes de amizades entre os brasileiros no exterior visando a melhor integração e união das diversas áreas e vertentes artísticas.

Ler as histórias e experiências aqui imortalizadas de cada compatriota, serve de inspiração aos que chegam agora no exterior, e também para os que já vivem há algum tempo e ainda não descobriram seus dons e talentos. Registro ainda, que, o que me une fortemente a este projeto, em primeiro lugar, é a língua portuguesa, e o fato de sermos todos brasileiros fora do Brasil.

A vida requer muita coragem, e coragem é o que não falta no povo brasileiro! Não importa o tamanho do obstáculo; se o enfrentamos com coragem, encontraremos um jeito de contorná-lo. Brasileiros e brasi-leiras, superem as dificuldades da vida com coragem e a determinação verde e amarela, mostrando ao mundo a garra e a força da nossa nação.

Boa leitura!

Lúcia Aeberhardt
Escritora, embaixadora da paz, arte terapeuta e CEO do Madalena's Suíça-Brasil

Agradecimentos

Agradecemos a todos que participaram do evento, aos finalistas, aos vencedores, aos jurados e parceiros, convidados especiais que contribuíram para a realização deste projeto. Agradeço a minha irmã e sócia Andiara, a Blenda, Dyandreia, Lúcia, Paula, Gilson, Marcos, Douglas, Gilson e a todos os outros que de uma maneira ou de outra contribuíram para que esse projeto se realizasse.

Aos meus pais que, mesmo de longe, estão sempre torcendo por mim!

A todos, minha gratidão.

Rafael dos Santos

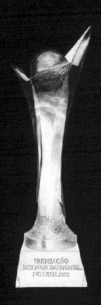

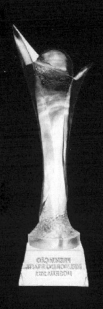

Depoimentos e Convidados Especiais

MELHOR DO BRASIL NOS EUA

– 2021 –

Depoimento

LUIZA BRUNET

Crédito da foto: Pinogomes

Acompanho o trabalho do Rafael dos Santos e da *Revista High Profile* há algum tempo e estou satisfeita com os resultados. Parabenizo a *Revista High Profile* por este evento tão importante para a comunidade brasileira. São mais de 4 milhões de brasileiros ao redor do mundo. É uma quantidade enorme de brasileiros que se mudaram para começar uma nova vida, longe do seu país, longe da família, com dificuldades com a língua. Este trabalho proporciona o reconhecimento do esforço e bons trabalhos. Não é somente premiar pessoas tão especiais, mas a luta e vitórias de cada um deles, e o bem que fazem em prol da comunidade local e da sociedade. Mas, a verdade é que eu acredito que todos os

4 milhões e duzentos mil brasileiros já são vencedores, porque tiveram a coragem e a ousadia de fazerem em suas vidas uma mudança radical.

Tenho viajado bastante para o exterior para falar para mulheres imigrantes, o quanto é importante a gente valorizar, posicionar. Este prêmio que leva o meu nome é o reconhecimento da luta e enfrentamento contra a violência contra a mulher e toda relação abusiva.

Quero parabenizar todos vocês que estão neste livro e a toda a equipe organizadora.

Com carinho, Luiza Brunet.

Depoimento

SUA MAJESTADE RAINHA
DIAMBI DA REPÚBLICA DO CONGO

Crédito da Foto: Guy Yves Mbarga. E C'cilcreativ

Eu, Rainha Diambi, sou a Rainha do Congo e mãe do grande povo e pátria brasileira. Estou muito feliz por saudá-los da África.

Eu estou, neste exato momento, em Camarão, na África. Estou enviando a vocês todo o meu amor. Estou aqui para trabalhar e garantir que todos que desejam e estejam preparados para visitar a África sintam-se bem-vindos e entendam que este é um lar para todos vocês. A África é o lar da humanidade e eu também gostaria de dizer que estou mandando todo o meu amor porque eu o tenho pelo Brasil. Uma família enorme de afrodescendentes que eu simplesmente, adoro, porque estive no Brasil inúmeras vezes e fui recebida com um grande amor, apoio. Tenho um enorme respeito por todos do Brasil. O Brasil é uma grande nação e eu admiro muitas das suas conquistas. Eu sei que houve muitos momentos difíceis no Brasil e ainda há atualmente, e ainda há muito pela frente. Mas isso não define o que somos. Nós estamos em um processo de constante de construção. Mas, gostaria de aplaudir a todos vocês, especificamente aos que vivem nos Estados Unidos, onde a comunidade brasileira é vibrante e está presente para garantir que entendemos a grandeza do povo brasileiro. Você vai ao Brasil e vê o céu ensolarado, onde quer que você vá, uma energia boa, Por isso, você merece estar celebrando porque vocês são excelentes embaixadores da sua nação. O Brasil é um lugar muito especial no mundo. Você tem uma cultura como nenhuma outra. Estou muito feliz em parabenizar todos vocês e estou muito orgulhosa.

Hoje, estou aqui somente para mandar meu amor. Muito obrigada e espero ver todos em breve.

Depoimento

ÂNGELA HIRATA

Crédito da foto: Patricia IKeda

Meu recado aos finalistas espalhados por todo o mundo: Ser brasileiro é a melhor coisa do mundo.

Eu mesmo com essa cara de japonesa, sou brasileira. Desejo muitas felicidades aos participantes e que tenham orgulho de serem brasileiros e continuem sendo brasileiros sempre. Como brasileira, eu torço pelo Brasil.

Meus parabéns a todos.

Depoimento

LANA AND ROCHELLE
LITTLE HEARTS MUESLI

Crédito da foto: Andrei Koscina

O premiado Little Hearts Muesli prestigiou o evento Melhores do Brasil nos EUA, a empresa que já foi destaque em revistas e publicações on-line em todo o mundo, como o *The British Business Awards, Vegetarian Magazine* e *Vegan Festival*. Esteve presente durante a programação e dirigiu aos empreendedores brasileiros a sua história e seus produtos. Assim como a *Revista High Profile*, divulga e promove a cultura brasileira, a arte, a literatura e os sabores do Brasil. Lana Roc Healthy Bites disse que a empresa também existe para promover, com seu trabalho, alimentos saudáveis para a sociedade. Com o seu empreendimento, a empresa ajuda a aumentar a produtividade e o bem-estar por meio de lanches mais saudáveis. Um empreendimento que contribui para uma vida mais saudável para adultos e crianças.

O conceituado profissional de vendas Lana Odubela foi destaque em várias publicações e notícias em todo o mundo. Ele é um renomado membro da equipe do Departamento de Comércio Internacional do Reino Unido.

Com o trabalho árduo combinado de Lana e sua equipe, que consiste em Rochelle Odubela, uma especialista em automação de marketing, desde 2011, eles conseguiram recrutar Little Hearts Muesli para fazer parte do Export Britain.

"Nossa missão é promover uma sociedade de lanches mais saudáveis para aumentar a produtividade, felicidade e bem-estar em casa, no trabalho e na escola."

Lidera com o inovador lanche Little Hearts Muesli, o único lanche vegano e vegetariano em forma de coração de muesli com pedaços de frutas reais e chocolate amargo que reduzem o colesterol.

Depoimento

BÁRBARA SEIXAS

Crédito da foto: Acervo Pessoal

Bárbara foi Campeã Olímpica de Vôlei de Praia e deixou uma mensagem aos vencedores e finalistas.

Sou Bárbara Seixas, do vôlei de praia, vice-campeã olímpica e estou aqui para parabenizar a iniciativa da revista *High Profile Magazine* por premiar todos os profissionais brasileiros que estão aí por este mundo afora, levando um pouquinho da nossa raiz, da nossa cultura, da nossa arte, nosso trabalho árduo. Então, dizer que vocês trabalhadores, profissionais merecem todo o nosso valor e nosso carinho. Gostaria de desejar boa sorte para os grandes finalistas que estão aí.

Depoimento

BETO SIMAS

Crédito da foto: Leandro Pimentel

B eto Simas é mestre na Capoeira, conhecido como Mestre Boneco. Deixou uma mensagem para os finalistas e vencedores.

Estou aqui para parabenizar a revista *High Profile Magazine* pela excelente iniciativa de fazer este concurso e premiar os melhores do Brasil nos EUA. Eu acho que é um incentivo muito grande para quem está trabalhando forte com a cultura brasileira fora e queria parabenizar principalmente os finalistas, especialmente o Breno que é meu discípulo, que trabalha com a capoeira e divulga nossa arte para o mundo aí nos EUA. Parabéns para todos, uma excelente final e que ganhe o melhor. Que Deus continue nos protegendo sempre.

Apoiadores

GEORGE ROBERT'S

Crédito da foto: Ricardo Ferrari

O apresentador e jornalista George Robert's é natural do Rio de Janeiro. Nascido em Nova Iguaçu, traz em sua trajetória uma carreira que envolve teatro, dança, karatê, aparições em TV e fotos em agências de moda. Sua vida tomou um rumo diferente onde a sala de aula passou a ser seu maior ganha pão. George começou a dar aulas de língua inglesa e especializar-se academicamente no curso de Letras. Sua segunda formação foi em Jornalismo e mestrado em Psicologia da Educação.

George Robert's decidiu morar nos Estados Unidos onde pôde estudar e trabalhar mais. Lecionou em escolas de Língua Inglesa no Estado de Nova Jersey. Em

2009, George Robert's foi oficialmente apresentado para vários empresários e ganhou destaque como um dos colunistas da revista *Só Festa USA*. Após a apresentação de um evento, George Robert's foi entrevistado pela equipe da VEJA TV onde ganhou destaque no "The Fashion Channel", e, como apresentador, fazia coberturas de eventos de moda em Nova York e Nova Jersey e passou a entrevistar estilistas e modelos conhecidos na indústria do mundo Fashion. Como comunicador, conquistou seu espaço entre as celebridades e passou a ser o apresentador oficial dos eventos da comunidade brasileira nos Estados Unidos. O jornalista e apresentador ganhou mais destaque em 2013, quando recebeu o prêmio do homem mais notável do ano no estado de Nova Jersey, evento realizado pela Brazilian Community Heritage Faundation e o *Jornal Brazilian Times* nas Nações Unidas. George Robert's ganhou muito destaque em Nova York quando a empresária Silvana Magda o convidou para fazer parte da equipe de apresentação da Lavagem da Rua 46 e do projeto Brazil Week. George Robert's passou a apresentar eventos importantes da comunidade brasileira em Nova Jersey e Nova York como Divine Premier,

Lavagem da Rua 46, Brazilian Day Nova Jersey, Beautiful Forever, Miss Brazil e Mister Brazil USA, Fashion Shows, Os Notáveis (NY) e Focus Brasil (FL). George Robert's também assinou como colunista uma das edições da Revista My Life Style Magazine, foi capa das revistas Só Festa-USA, Life & Fashion Magazine e assina a coluna George Robert's Talks no maior jornal brasileiro dos Estados Unidos *Brazilian Times Newspaper*. Há 8 anos, George Robert's criou o programa George Robert's Talks onde entrevista pessoas que são o maior sucesso, independente da área em que trabalham. Com sua popularidade, o apresentador já foi fotografado por renomados fotógrafos no Brasil e nos Estados Unidos. "Eu amo o que faço e, na minha profissão, sinto-me na obrigação de passar informações positivas. Também penso que tenho a responsabilidade de ressaltar a importância da Educação, pois esta é o passaporte para a liberdade do ser humano", diz George Robert's.

Em 2020, George Robert's protagonizou o curta metragem "The Street Of Courage" e teve que repaginar seu LOOk. Hoje, com o visual bem diferente, o apresentador e jornalista estuda outras propostas de trabalhos na TV e comerciais. Neste ano de 2021, o apresentador ganha mais um espaço como colunista na *Revista High Profile Brasil* radicada em Londres (UK). Para acompanhar a vida profissional de George Robert's, acesse as redes sociais como o Instagram @ *georgerobertstalksoficial* onde o apresentador também faz "LIVES", no canal do *YouTube "George Robert's Talks"* e no *Facebook George Roberts FC.*

Apoiadores

CRISTINA MIRANDA CHRISTENSEN

Crédito da foto: Cristina Miranda Christensen

Nascida e criada em Santa Teresa, no Rio de Janeiro, Brasil, reside na Noruega há mais de uma década.

"Tenho uma autoimagem de uma pessoa desbravadora e corajosa, uma vez que sempre enfrentei os desafios que a vida me trouxe, assumindo e aprendendo com os erros e saboreando os acertos. Quando jovem no Brasil, trabalhei em diferentes áreas mesmo sem experiência, e quando não havia emprego, eu criava uma maneira de empreender."

Formada, em 2013, em uma das melhores escolas de cabeleireiro da Europa em Oslo, Noruega.

"Apesar de todas as dificuldades, nunca pensei em desistir. Meu trabalho é minha arte, e a ele dedico o meu melhor a cada dia, e é através da satisfação dos meus clientes que me realizo."

Seu conceito de salão é exclusividade. Os clientes são atendidos com pontualidade, respeitando sempre o tempo do cliente.

Em 19 de novembro de 2020, Cristina recebeu a premiação Melhores do Brasil na Europa "Best of Brazil European Awards".

Categoria Melhor Cabeleireira Brasileira na Europa.

Além do seu trabalho diário no salão, também é colunista da *Revista High Profile Magazine* e *High Profile Brasil*, com base em Londres, na Inglaterra. Artigos mensais, com novas tendências, dicas e muito mais.

Reconhecida pela BandNews como Empresária de Sucesso Internacional.

"Entendo que minha experiência possa talvez servir de inspiração para os que chegam e também para os que já vivem há algum tempo e não tenham descoberto seus potenciais ou sintam-se ainda sem uma direção em seu novo país.

Sou grata por tudo que conquistei na vida e, com

minha vivência, aprendi que, para realizar um sonho verdadeiro, há uma equação de muita força interior, um desejo inabalável e infinita dedicação. Os obstáculos existem sempre, mas alcançar nossos objetivos depende, na maior parte, de nós mesmos, independentemente de idade, lugar ou descendência."

Apoiadores

LÚCIA AEBERHARDT

Crédito da foto: Rolf Aeberhardt

Escritora, arte Terapeuta, embaixadora da paz e CEO do Madalena's Suíça-Brasil, ficou conhecida com o pseudônimo de Lúcia Amélia Brüllhardt. Seu Ministério de ação social tem se destacado em suas atividades através do projeto Prevenção Madalena's. Com carisma, garra e 21 anos de experiência, ela utiliza as artes e a literatura como armas em seu combate. Seu currículo inclui palestras na ONU – Organização das Nações Unidas (Genebra), no Consulado Geral do Brasil em Genebra / Zurique e Rotary Club, em Boca Raton, na Flórida.

www.luciaaeberhardt.com

Apoiadores

DYANDREIA VALVERDE PORTUGAL

Crédito da foto: Acervo RSF

Luso-brasileira, residente em Lisboa, é jornalista, com pós-graduação em *comunicação de cultura,* e Pedagoga, com pós-graduação em *dificuldades de aprendizagens.* Como empreendedora cultural, é Presidente da "Rede Sem Fronteiras", onde atua com intercâmbios culturais em mais de 20 países, em cinco continentes. É responsável pelos projetos literários *Sem Fronteiras pelo Mundo...* e *A Arte de Ser Mulher,* com a participação de quase mil escritores. Já atuou como apresentadora de programa cultural em TV afiliada à Rede Globo (RJ/Brasil). Atualmente, é entrevistadora do programa *Conexão Sem Fronteiras,* na página da *Rede Sem Fronteiras* no *Instagram.* Em sua carreira, foi colunista de alguns jornais e revistas, com destaque para a sua atual coluna na *Revista High Profile*, editada em Londres. Foi editora-chefe do jornal impresso *Sem Fronteiras*, por 5 anos. É promotora de eventos ligados à divulgação da literatura lusófona em Feiras Literárias Internacionais por vários países. É também Escritora. Seu currículo literário é composto pelos livros (nos formatos impresso, *E-book* e *audiobook*): *Conversa (A)fiada* (crônicas e contos – bilíngue português/inglês) e *Reconstruindo Castelos de Areia* (Romance Policial), possuindo mais três no prelo, além da participação como coautora em mais de 100 coletâneas, e organizadora literária de dezenas de Antologias. Foi Presidente do Rotary Clube por dois mandatos. Atualmente, é Presidente Coord. da AJEB – Associação de Jornalista e Escritoras do Brasil (Coord. Rio de Janeiro), Presidente de Honra da ALALS – Académie des Lettres et Arts Luso-Suísse (com sede na Suíça), Vice-Presidente Brasil da ACLAL – Academia de Ciências, Letras e Artes Lusófonas (com sede em Portugal), Diretora de Assuntos Internacionais da UBE/RJ – União Brasileira de Escritores (com sede no Rio de Janeiro), Membro de Academias no Brasil,

Argentina, Chile, Portugal, França, Itália e Suíça. Como *hobby*, possui um canal no *YouTube*: *Boquinha Nervosa com Dyandreia Portugal,* com receitas gastronômicas.

dyandreia@redesemfronteiras.com.br

Apoiadores

Crédito da foto: Arquivo Pessoal

Andiara dos Santos é uma experiente gerente de operações do Brasil e cofundadora da Guide-dPR, uma plataforma de inteligência artificial que conecta empreendedores e empresários com a mídia. Andiara é graduada em Marketing & Merchandising e atualmente cursa MBA em Coaching Executivo e Liderança Sustentável. Nos últimos 9 anos tem ajudado *startups* e pequenas empresas a expandirem seus negócios. Andiara foi destaque no livro: *From Owls to Peacocks* – 50 empresários do High Profile Club e suas histórias de sucesso – Vol. 1

Apoiadores

GILSON GUIMARÃES

Crédito da foto: Andrei Koscina

Gilson Guimarães é brasileiro e vive e trabalha no Reino Unido desde 2002. Tem formação em agropecuária e sempre esteve envolvido com trabalhos filantrópicos desde a adolescência.

Gilson Guimarães é coordenador da Charity Fraternity Without Borders UK, Trustee e Coordenador de eventos da British Union of Spiritist Societies e Coordenador Geral do Conselho de Cidadania do Reino Unido, órgão que trabalha de mãos dadas com o Consulado Geral do Brasil em Londres, em benefício à comunidade brasileira.

Em 2017, depois de conhecer e iniciar a promoção de eventos de arrecadação de fundos para a ONG Fraternidade Sem Fronteiras, decidiu então, juntamente com outros amigos criar a Fraternity Without

Borders UK e, assim, conscientizar as pessoas sobre a pobreza avassaladora em Moçambique e atrair apoio para a causa.

A missão da FWB UK é vivenciar e estimular a prática da fraternidade, sem restrições étnicas, geográficas ou religiosas, apoiando, antes de tudo, crianças e jovens em situação de vulnerabilidade ou em situação de risco social.

"Nosso objetivo é sacudir o mundo com a ideia de que uma ajudinha de muitos corações pode-se erradicar a fome e melhorar a vida de famílias que vivem abaixo da linha da pobreza. A confiança de que é possível construir um mundo melhor se espalhará em todo o planeta: o bem só precisa de ação. Esta mensagem é o propósito essencial do FWB UK."

A extrema pobreza nas aldeias de Moçambique é preocupante. Um milhão de pessoas passam fome e consomem água suja, e a maioria delas é criança órfã cujos pais faleceram por causa do HIV e da malária. Elas trabalham em troca de um prato de comida e não vão à escola.

As pessoas passam até três dias sem uma única refeição

e caminham quilômetros para conseguir 20 litros de água não potável. Algumas regiões não têm chuvas regulares há 14 anos. Com tanta necessidade, precisamos trabalhar ainda mais para melhorar as condições de vida de nossos irmãos africanos.

A necessidade de ajuda é enorme, e Gilson Guimarães acredita que com poucas ações podemos mudar a vida de muitos irmãos na África e em outros continentes porque não há fronteiras para o amor e a caridade.

Não há barreiras, e o trabalho do FWB pode não mudar a realidade do mundo, mas pode melhorar a realidade individual de muitas pessoas.

Dentro do CCRU (Conselho de Cidadania do Reino Unido), Gilson vem prestando um excelente trabalho na coordenação deste órgão tão importante juntamente com outros Conselheiros na promoção de eventos e parcerias com empresas, profissionais e autoridades locais, que vêm de encontro com as necessidades locais.

Quer saber mais sobre CCRU, Fraternity Without Borders UK, entre em contato.

gilson.guimaraes@fraternitywithutborders.co.uk
www.fraternitywithoutborders.co.uk

Apoiadores

BLENDA BORTOLINI

Crédito da foto: Acervo Pessoal

Blenda Bortolini, nasceu em Belo Horizonte / MG, no Brasil. Vive em Genebra, na Suíça. Estudou Filosofia e Teologia. Escreveu vários livros, alguns traduzidos para o francês e alemão.

Ela deixou a sua profissão como promotora de eventos depois de muitos anos de trabalhos exaustivos, teve um Burnout. Seu tratamento foi fazer aquilo que lhe dava prazer. Então, investiu em escrever. Escreveu vários livros para crianças. Casou-se no Brasil, em 2006. Depois de um ano e meio, o casal partiu para a Europa. Participou de vários eventos culturais em vários países. Mora no exterior desde 2008. Blenda acreditou em seu sonho, montou uma pequena editora em Genebra, onde trabalha atualmente. Também escreveu vários poemas e

crônicas com participação em várias antologias bilin-
gues em Francês, Inglês, Alemão e Italiano. Participan-
te assídua deste 2015 no Salon du Livre et de l'apresse
Genève. E no ano de 2015, teve sua participação no
Salão Internacional do Livro em Torino, na Itália.
Coautora da *Antologia Madre Terra* – 4º Antologia
bilíngue "Italiano & Português" da A.C.I.MA. Coautora da Antologia: Escritores da Língua Portuguesa
II, tem seu nome na Enciclopédia Italiana de Artistas
Contemporâneos Lusófonos, com grandes nomes da
Literatura e das Artes em comemoração aos 8 séculos
da língua Portuguesa, a enciclopédia de artistas brasi-
leiros e italianos. Recebeu o prêmio da Associação de
Poetas de Angra dos Reis em parceria com a Editora
Mágico de Oz em Portugal, ganhou a Medalha Mon-
teiro Lobato, a entrega do Prêmio "Escritor Destaque
2015. Menção Honrosa do Varal do Brasil, em Gene-
bra na categoria Conto Infantil e ganhou o 3º lugar do
concurso na categoria Conto, no Concurso Literário
Cultive 2017. Membro Imortal na Academia de Letras, artes e cultura brasileira, Chanceller na Academia
Brasileira de Escritores. Também membro Academia
Internacional de Literatura Brasileira e membro da

Academia Luso'Suisse ALALS. Participante como Coautora de várias antologias. Blenda Bortolini é organizadora e idealizadora do Projeto Cultural Salmos Modernos. Teve o lançamento no Consulado Geral do Brasil em Genebra em outubro de 2016 e 2018 seguidos. Com premiação no Vitoria Hall nos EUA com o Concurso Internacional de Poesia Sacra.

Blenda Bortolini foi eleita pela comunidade brasileira que mora em Genebra para integrar no grupo de conselheiros do Consulado-geral do Brasil em Genebra / Suíça como uma das representantes da comunidade para defender interesses da Comunidade no geral, com mandato de 2018 a 2022. Em 2021, três obras de Blenda Bortolini foram aprovadas para participarem do Prêmio Jabuti categoria infantojuvenil. Ganhou, em 2020, na categoria melhor escritora infantojuvenil na Europa.

www.blendabortolini.com.br

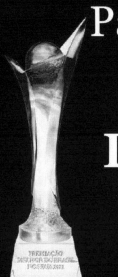

Participantes do
MELHOR
DO BRASIL
NOS EUA
– 2021 –

Lista de Vencedores

Melhor Advogado Brasileiro nos EUA
Alexandre Piquet

Melhor Advogada Brasileira nos EUA
Gabriella Bonfim Moraes

Melhor Artista Brasileiro nos EUA
Kaado Pinheiro

Melhor Artista Brasileira nos EUA
Margarette Mattos

Melhor Mídia de Comunicação para Brasileiros nos EUA
Denny Silva

Melhor Salão de Cabeleireiro Brasileiro nos EUA
Otoniel Motta – Tony Motta

Melhor Chef Brasileiro/a nos EUA
Margô Natali

Melhor Contador/a Brasileiro/a nos EUA
Nélia Santos

Melhor Profissional Brasileira da Estética e Beleza nos EUA
Dora Nunes

Melhor DJ Brasileiro/a nos EUA
Leonardo Moutinho – Leo Oliver

Melhor Entretenimento Brasileiro nos EUA
Sheylla Kennedy

Melhor Empreendedora Brasileira nos EUA
Andrea Wissing

Melhor Empreendedor Brasileiro nos EUA
Carlos V. D. Ramalho

Melhor Escritora Brasileira nos EUA
Celma Brett

Melhor Produtor/a Brasileiro/a de Arte, Mídia e Eventos nos EUA

Pedro Henrique Murta

Melhor Escritora Brasileira nos EUA – Infantojuvenil

Cláudia Kalhoefer

Melhor Influenciadora Brasileira de Mídias Sociais nos EUA

Silvana Guedes

Melhor Influenciador de Mídias Sociais nos EUA

Breno Garcia

Melhor Profissional Brasileiro na Área da Saúde nos EUA

Luciana Dumont

Melhor Cantora Brasileira nos EUA

Miriam Silva

Melhor Cantor Brasileiro nos EUA

Rick Cesar

Prêmio "Luiza Brunet" de Enfrentamento Contra a Violência à Mulher

Ana Alves – Hope & Justice Foundation

Prêmio de Ação Social CRBE

Missão Urbana Assembly of God Mission
Pr. Lucas Sacramento

Melhor ONG / Associação Brasileira nos EUA

Giving The Glam – Maristela Rapo

BIOGRAFIA DOS VENCEDORES

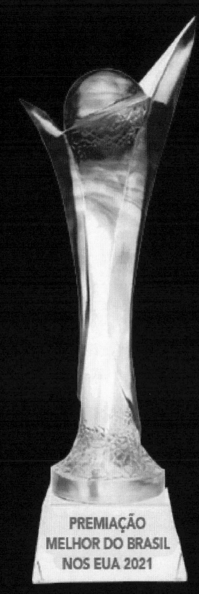

PREMIAÇÃO
MELHOR DO BRASIL
NOS EUA 2021

— EUA 2021 —

ALEXANDRE HENRIQUE

Finalista

Melhor Artista Brasileiro nos EUA

Crédito da Foto: Acervo Pessoal

A procura por um caminho novo para seguir em minha carreira artística, foi, sem dúvida, o propósito tomado por mim quando decidi mudar para os Estados Unidos.

A segurança que tenho quanto ao meu trabalho artístico fez da minha entrada, bem como aceitação no mercado de Arte norte-americano mais fácil, rápida e direta até então. Hoje, com quase 20 anos vivendo nos Estados Unidos, já possuo meu próprio estúdio de arte, bem como uma firmada postura pública e social como artista visual junto à comunidade a que me estabilizo. Tenho como sendo marco dessa etapa um Projeto de arte que fiz em Boston, em 2016, intitulado "Sex O", uma mistura de palavras em inglês e português que remetem o tema discutido no grande show com pinturas, esculturas, fotografias e palestras sobre esse tema tão abrangente do mundo sexual, um lindo show com a participação de onze artistas brasileiros, todos focados no mesmo ponto: a educação! Quando criei esse Projeto, tinha em mente abranger uma larga escala de contempladores, seja transeuntes, profissionais, estudantes, centros sociais ou instituições governamentais e também da área de saúde; e assim, se deu esse grande projeto chamado "Sex O" by Alexandre E., em 2016, em Boston MA. sob um inacreditável número de visitantes para um show feito por artistas brasileiros genuínos. Torna-se um pouco difícil para mim relacionar um número ideal que defina as minhas participações no meio artístico aqui nos Estados Unidos, uma vez que assim como no Brasil, também obtive um grande índice de participações dentro e fora do Estado de Pernambuco, bem como em países na Europa.

Sobre minha vida aqui nos Estados Unidos, claro que, assim como 80% dos brasileiros que como eu decidiram mudar para América, tive de passar pelas etapas normais provindas pela grande transição de sair do meu país natal e viver em uma nova e diferente atmosfera sociocultural.

Sim, e por que não, passei por pesadas situações de não equilíbrio emocional, que se refletiram em um desgaste físico e logo financeiro, mas que felizmente foram temporários e resgatados de forma beneficial para um futuro próspero e consistente.

Hoje, sou cidadão americano e reconhecido em vários

estados como New York, Massachusetts, North Carolina e Flórida como artista plástico brasileiro vivendo e produzindo arte nos Estados Unidos da América. Dando graças e gozando de tudo que esse maravilhoso dom tem trazido para minha vida americana.

Sempre pintei, sempre produzi arte no Brasil. Era artista e produtor de arte, direto e indiretamente, em Olinda e Recife, cidades quase conjugadas em Pernambuco, onde nasci, cresci e tentei, assim como centenas de grandes artistas, fazer carreira produzindo arte e programas de cunho cultural. Vejo claramente que hoje escolhi um bom caminho para seguir. Isso tudo se deu como se recomeçasse uma vida já vivenciada com sementes, frutos e alegrias, que até hoje se encontram vivas na lembrança e também na raiz brasileira que está internalizada em minha alma. Uma coisa forte que nunca há de ser esquecida ou anulada de minha vida.

alexandree2469@gmail.com

ALEXANDRE PIQUET

Vencedor

Melhor Advogado Brasileiro nos EUA

Crédito da foto: Acervo Piquet Law Firm

O Dr. Alexandre Piquet é um advogado de renome internacional com mais de vinte anos de experiência jurídica e de referência em assessoria a clientes que queiram estabelecer negócios e residência nos EUA. É Bacharel em Direito pela Faculdade Milton Campos e Doutor em Direito (Juris Doctor) pela Saint Thomas University em Miami, Flórida. Advogado licenciado nos Estados Unidos, Dr. Alexandre é o fundador da Piquet Law Firm, escritório de advocacia com sede na Flórida, que presta serviços jurídicos nas áreas do direito imigratório, imobiliário, empresarial, tributário e contencioso. Em 2021, Dr. Alexandre Piquet foi nomeado Presidente da Brazilian-American Chamber of Commerce of Flórida (BACCF), uma organização sem fins lucrativos com a missão de fomentar os laços entre as comunidades empresariais do Brasil e da Flórida. Além disso, é criador do canal Investindo na América, que tem como objetivo o compartilhamento de informações sobre como fazer negócios, morar e trabalhar nos Estados Unidos.

Dr. Alexandre Piquet tem mais de 20 anos nos Estados Unidos e mais de uma década de fundação da Piquet Law Firm, Sua equipe é composta por advogados brasileiros formados e licenciados nos Estados Unidos, com vasta experiência na assistência a clientes do Brasil, que desejam estabelecer negócios ou residência nos Estados Unidos. Os números são expressivos: 21 mil clientes cadastrados de 35 nacionalidades, US$1.3 bilhão em transações imobiliárias assessoradas, 2.200 empresas implementadas e representadas, 14 premiações jurídicas nos EUA e 185 palestras e seminários realizados.

Participou de vários cursos sobre Direito Internacional e Comparativo na Universidade Maria Cristina na Espanha. Além disso, atuou como professor assistente na Universidade Saint Thomas e como instrutor de Português para as Forças Especiais da Força Aérea dos Estados Unidos.

Ao longo de sua carreira, participou de inúmeras organizações nacionais e internacionais de prestígio, incluindo sua licença como membro da Ordem dos Advogados da Flórida, Membro da American Bar Association, Membro da Associação Americana de Advogados de Imigração (AILA), Membro da Saint Thomas University Law Review, Diretor do Conselho da Câmara de Comércio Brasileiro-Americana da Flórida, Presidente do Conselho Consultivo de Miami da Brazil Foundation, Membro do Rotary Club de Coral Gables, Membro do Lawyers of Distinction, Membro do Kids in Distress Young Professional's Group, e Membro do Conselho do Lide USA1.

Como orador público e palestrante, participou de mais de 185 conferências, seminários, painéis e discussões nos EUA e no exterior e como convidado em notórios canais da mídia como CNN, Tv Colômbia, TV Record, SBT e Globo Internacional. Foi locutor no programa de rádio diário "Rádio Flórida Brasil" e no programa semanal "Conexão Flórida", que é transmitido pela Record News nos Estados Unidos, Canadá e Brasil para mais de 50 milhões de espectadores. O Dr. Piquet também compartilha seu conhecimento de direito internacional para milhares de espectadores nos seus canais YouTube: "Investindo na América" e "Piquet Law Firm".

Além de sua impressionante carreira jurídica, o Dr. Piquet é um escritor talentoso em sua área, autor de obras como o livro "Investindo na América", em 2015. Ele e seu trabalho foram destaques em importantes publicações nacionais e internacionais e canais de mídia, incluindo *Veja, Exame, IstoÉ, Folha de S. Paulo* e *Jornal do Brasil*, entre outros.

Em reconhecimento por sua brilhante carreira, para citar alguns exemplos, recebeu várias honras e prêmios, incluindo Certificados de Apreciação da Câmara de Comércio Brasil-EUA da Flórida (2014, 2015, 2016 e 2017), Prêmio de Advogado de Imigração do Ano (2016), Certificado de Apreciação - Associação Comercial do Paraná, Prêmio Business Press (2017) e Prêmio Advogados de Distinção (2017) e o Melhor do Brasil nos EUA, em 2021, na categoria melhor advogado.

Alguns dos exemplos de transações internacionais transnacionais assistidos pelo Dr. Piquet incluem:

Suporte a um grande Grupo Comercial Internacional, engajado em terceirização, marketing e distribuição mundial de produtos lácteos com a realocação temporária de importantes executivos internacionais para os Estados Unidos. Esta empresa é uma organização multinacional presente em todos os continentes com 16 escritórios no mundo todo. A operação mundial da empresa conta atualmente com o apoio de mais de 230 funcionários.

Suporte ao maior estaleiro do Brasil com seus planos de expansão internacional para os Estados Unidos, incluindo estruturação corporativa, elaboração de contratos, revisão e negociação e suporte à imigração na transferência de executivos internacionais.

Suporte à famosa cadeia de restaurantes brasileiros com sua expansão internacional nos Estados Unidos, incluindo estruturação corporativa e redação, revisão e negociação de contratos.

Suporte a uma das maiores companhias aéreas do Brasil, desenvolvendo um programa de treinamento complexo para suas operações nos Estados Unidos dando apoio profissional aos funcionários internacionais da empresa em seus escritórios.

ANNA ALVES-LAZARO
Hope & Justice Foundation

Vencedora

Prêmio 'Luiza Brunet' de Enfrentamento
Contra a Violência à Mulher

Créditos da foto: Acervo da Rotery

Anna Alves-Lazaro, "Dormientibus Non Sucurrit Ius", o presente brocado latino podendo ser traduzido para: "Defensora O Direito não socorre aos que dormem", é frequentemente repetido para os que buscam as orientações jurídicas da Advogada, Ativista dos Direitos Humanos, dos Sobreviventes do Tráfico Humano, da Violência Doméstica e do Abuso Sexual Infantil,

Anna Alves-Lazaro. Anna Paula Moreira Alves-Lazaro, nasceu em 4 de janeiro de 1971 em Recife, Capital Pernambucana. Descendente de judeus, portugueses e holandeses que emigraram da Europa para o Nordeste do Brasil, ainda no período do Brasil colônia, espalharam seus descendentes. Neta do oficial da Marinha Brasileira e ex-combatente da II Guerra Mundial, carrega no sangue a coragem e a determinação dos heróis de guerra. Com grande senso de justiça e inspirada por seu avô materno, Marcelo Walter Moreira, e sua mãe, Marcelle Moreira Lyra, ambos advogados, Anna encontrou nesta profissão seu propósito de vida e a oportunidade de contribuir com a defesa e proteção de direitos dos mais vulneráveis. Desde muito pequena já demonstrava em sua personalidade o apreço por valores importantes como justiça, solidariedade, coragem, bondade, empatia. Além da sua formação jurídica, e sua atividade na advocacia, em 2001 graduou-se em Comunicação Social Habilitação em Relações Públicas, em 2008 iniciou sua carreira jurídica fundando, em Recife, o escritório de advocacia Moreira Alves Advogados Associados. Membro ativa da OAB/PE, e da Força Tarefa contra o Tráfico Humano na Flórida Central.

A coragem, resiliência e determinação estão fortemente presentes em sua personalidade. Cristã e com fé inabalável em Deus nunca se deixou abater pelas grandes e difíceis lutas que enfrentou, pois sempre encontrou em Jesus Cristo força e direção para conquistar as muitas vitórias e superar as muitas quedas que teve em sua vida. Casada com o luso-americano Álvaro Alves-Lazaro, mãe de Marianna, Miguel, Raianna e Renata, avó de Eduardo e Calebe, vê em sua família um dos seus maiores e melhores feitos. Sente-se realizada e grata a Deus em ver seus netos crescendo felizes e saudáveis. Entende que a família é Projeto de Deus.

"Aquilo que não me mata, me fortalece", essa é outra expressão muito utilizada pela Anna e com propriedade ela pode falar, pois entre tantas lutas guerreadas por ela, há a que ela lutou com muita fé em Deus, por sua própria vida em 2007 contra uma septicemia (infecção generalizada) que a levou à uma experiência de quase morte (EQM). Enquanto os médicos anunciavam para sua mãe que Anna teria somente 72 horas de vida e que o quadro era irreversível, só restava, portanto, à família providenciar o sepultamento, centenas de pessoas, amigos, parentes, familiares e conhecidos uniram-se em oração e o sobrenatural de Deus manifestou-se, um grande milagre se deu, a cura e restauração completa da saúde de Anna. E, de fato, o que não a matou a fortaleceu para 5 anos depois enfrentar e vencer uma luta contra um câncer. Depois de vencida mais essa batalha, Anna a convite da sua mãe que morava nos EUA foi passar uma temporada para descansar das muitas demandas e atividades que ela tinha em sua profissão e em sua vida pessoal. Precisava de um renovo e a Flórida era um lugar perfeito para esse período sabático.

Após 3 meses de descanso no aconchego da casa e do colo materno, resolveu mudar-se definitivamente e iniciou os procedimentos legais para tal. Passou o comando do seu escritório no Brasil para seu genro, sua filha e um amigo e iniciou uma Consultoria Jurídica sobre Direito Brasileiro para imigrantes brasileiros em Orlando, além da criação de um espaço de co-working. Após um ano de sua chegada nos EUA viveu uma terrível experiência que marcou e mudou o rumo da sua vida totalmente, ela e a filha com 15 anos de idade na ocasião, sofreram uma cruel violência. Anna quase foi assassinada, ela e a sua filha tiveram imagens íntimas roubadas através de câmeras escondidas e vendidas por um criminoso na dark web. Essa foi e tem sido a maior batalha que Anna já lutou. Depois de descobrir o crime, denunciar o criminoso e colocá-lo na prisão após ele confessar todos os 29 crimes cometidos contra as duas, ela permanece na luta em defesa de outras vítimas do tráfico de pessoas, violência doméstica e abuso sexual infantil. Assim, Anna criou a Hope & amp; Justice Foundation, instituição que luta contra esses crimes, cuida e apoia sobreviventes, conscientiza e educa a comunidade para identificar e se proteger desses criminosos. Anna sabe bem fazer boas limonadas dos limões que a vida lhe dá.

anna.alveslazaro@gmail.com

ANDREA WISSING

Vencedora
Melhor Empreendedora Brasileira nos EUA

Crédito da foto: Camila Ponnte

Andrea Wissing é uma empreendedora comprovada e apaixonada. Indicada como a Melhor Empreendedora Brasileira nos EUA, Andrea tornou-se uma líder influente nas áreas de empreendedorismo, resiliência, o avanço das mulheres e diversidade. Nascida em uma família de empreendedores inovadores no Rio de Janeiro, Andrea Wissing dedicou sua vida ao trabalho árduo e à perseverança. Ela obteve sua licença de estética enquanto estava no Brasil para financiar pessoalmente seus estudos na faculdade de direito. Em seguida, passou a trabalhar no sistema jurídico brasileiro, prestando consultoria pro-bono para ajudar a libertar mulheres encarceradas que estavam esquecidas no sistema. A partir daí, Andrea passou a trabalhar para os tribunais de família em mediação antes de decidir fundir seus talentos e trazer sua experiência e conhecimento na indústria da beleza para a América. Andrea fez isso criando um espaço que priorizaria cuidados pessoais e ofereceria serviços e produtos excepcionais a preços acessíveis. Começar com um local em Dallas e cultivar vários outros locais ao redor da área não foi uma tarefa fácil. Paixão, compromisso, dedicação e liderança excepcional têm sido a chave de

Andrea para operar um próspero e bem-sucedido império de estúdios de depilação. A Depil Brazil Waxing Studio nasceu de uma paixão pelo empoderamento e igualdade de gênero, positividade da imagem e um compromisso com o bem-estar, saúde pessoal e soluções de beleza de origem natural. Ao se estabelecer nos Estados Unidos, Andrea ficou frustrada com a falta de cuidado e eficiência dos produtos de cera de papel doloridos, bagunçados e americanizados, e depois de várias tentativas malsucedidas de encontrar uma verdadeira experiência de cera brasileira nos Estados Unidos, ela decidiu apostar na depilação adequada e cuidados pessoais para a pele, e apresentou seu novo lar a uma autêntica experiência de cera brasileira com técnicas modernas. A Depil Brazil não se limita à depilação. O negócio é totalmente dedicado a criar um regime de cuidados com a pele mais suave, saudável e melhor para todos os seus clientes. Andrea e sua equipe se concentraram na criação de misturas botânicas com propósitos mais específicos para aliviar hiperpigmentação, cicatrizes, rosácea, inflamação, pelos encravados, bem como para aliviar o desconforto causado pela exposição excessiva ao sol ou descoloração da pele. O resultado: formulações poderosas e ricas em nutrientes que não são apenas altamente eficazes, mas também um prazer de usar. Nascia então a Depil Brazil Skincare.

Com mais de 10 anos de experiência em estética nos EUA, o objetivo de Andrea era criar ceras e formulações de cuidados para a pele autênticas de origem brasileira que tivessem um desempenho melhor do que os produtos de beleza convencionais. Ela ficou surpresa ao saber que, embora haja enormes benefícios para a pele e a saúde com a manutenção adequada da depilação, havia muito poucas oportunidades disponíveis para receber educação adequada e remoção de nível de especialista, ou produtos de cuidados pessoais que funcionassem bem. Devido à natureza de seu trabalho na indústria jurídica brasileira, ela tem conseguido acelerar o crescimento de sua marca com seu amplo conhecimento dos processos da indústria jurídica. Ela pode entender melhor seu negócio rapidamente e atender às necessidades dele em qualquer situação. Ela utiliza esses instintos afiados para ajudar a tomar decisões melhores e mais informadas que impactam a Depil Brazil e seu crescimento. Na verdade, enquanto muitas empresas foram impactadas negativamente pelos efeitos da pandemia global, a Depil Brazil Waxing teve a sorte de ter um crescimento estável mesmo em meio à incerteza econômica. Andrea acredita que uma das melhores partes de estar à frente de um negócio próspero e em expansão é ser capaz de escolher, orientar e treinar novos talentos que você não só conseguirá trabalhar ao lado, mas também verá crescer e se tornar profissionais talentosos e experientes. Sua empresa é tão saudável quanto sua equipe, e isso se estende a todos os integrantes da equipe da Depil Brazil. Ter a capacidade de trabalhar com aqueles dentro da indústria que apreciam a visão da Depil para os cuidados com a pele é um grande motivador para Andrea, assim como para o sucesso contínuo do negócio. Isso é algo em que Andrea está empenhada em investir continuamente - sua equipe e todos os membros da família Depil Brazil. Uma solucionadora de problemas, Andrea vive com a filosofia pessoal de que você deve 'Sempre fazer o que a faz feliz, com pessoas que a fazem feliz.' Ela diz a todos aqueles que estão em seus próprios caminhos para realizar seus sonhos que eles devem 'sempre seguir seus instintos e nunca duvidar de sua capacidade.

Temos força para atingir nossos objetivos'. Seguindo seu coração e permanecendo comprometida com sua paixão, Andrea abriu caminho para este espaço de beleza transformador e encontrou uma maneira de continuar a servir e ajudar mulheres, bem como homens, por meio dos serviços da Depil Brazil Waxing Studio em Dallas, Texas. Ela convida a todos para desfrutarem de um serviço gratuito em sua primeira visita para ver o que os diferencia. Andrea atualmente trabalha e mora em Dallas com seu marido, filhos e netos.

andrea_wissing@yahoo.com
Site pessoal ou Blog:
depilbrazilwaxing.com

BETI ROZEN

Finalista
Melhor Escritora Brasileira nos EUA

Crédito da foto: Arquivo Pessoal

Beti Rozen possui diversos livros infanto-juvenis editados nos Estados Unidos, Brasil e Colômbia, incluindo Dois Continentes, Quatro Gerações, que está disponível em inglês, português e espanhol, em português em ebook. Este livro foi inspirado nas entrevistas que Beti fez com sua tia Ester, irmã mais velha de seu pai que deixou a Polônia em 1939.

Beti é uma autora brasileira do Rio de Janeiro vivendo nos EUA e com seu trabalho publicado (contos infantis e poesias) em diversas antologias na Europa e Brasil e revistas infantis em Israel e China. O conto Robinho, o Robozinho foi vencedor do concurso literário Piensieri & Parole da Associação Cultural Internacional Mandala, na Itália. E o conto Sem Palavras, vencedor de outro concurso literário nos EUA promovido pelo Consulado do Brasil em Boston, originando o livro Without Words (sendo publicado em português, em 2020, e em ebook). Em 2016, ela recebeu o Brazilian International Press Award de literatura e cultura nos Estados Unidos e, em 2018, a medalha Machado de Assis, da Brazilian Endowment for the Arts, em Nova York. Autora dos poemas Paz e Perda, musicados para o livro e CD Estrelas: Literatura Poética Musical produzido por Jo Mendonca Alcoforado. Em 2020, com a mesma Jo Mendonca participou do livro/CD Brasil Mostra sua Cara com a poesia Conjecturando o Jeito. Em 2021, seu poema Despedida foi musicado. Ainda em 2020, um novo livro de poesias Passamundo/The World Goes on. No segundo semestre de 2021 um novo livro Gato que é Gato Empina o Rabo.

Membro da AILB – Academia Internacional de Literatura Brasileira e representante internacional da Rede Sem Fronteiras.

www.semfronteiraspress.com
@semfronteiraspress / @Beti Rozencwajg
Facebook: Beti Rozencwajg / Sem Fronteiras Press / Mostra sua Cara Kids

CELMA BRETT

Vencedora

Melhor Escritora Brasileira nos EUA

Crédito da foto: Virginia Dock

Brasileira, Natural de Itaporanga d'Ajuda, Sergipe, filha de Joana Ferreira de Souza e Raimundo Ferreira de Souza. Uma família de quatro irmãos, Celso, Silveira, Sandro e Silvaneires, e uma irmã, Simone.

Morei até os quatro anos, em Sergipe, mudando para o Estado da Bahia, na cidade de Rio Real, onde passei a minha infância até os meus 14 anos. Mudamos para Itapetinga, sul da Bahia, ali moramos um ano, e daí por diante, foi estudando um ano em cada estado, onde vivia de passagem. Ao partir, deixava os amigos para trás, levando só as lembranças dos momentos bons.

Meu pai era encarregado geral das obras do DNR, Empresa Brasileira que abria as rodovias do Brasil. Por esse motivo vivia de Estado em Estado, cidade em cidade. Estudava um ano em cada Estado. Assim foi a minha vida.

Aos 19 anos, chegamos em Santo Amaro da Purificação, Bahia, onde casei aos 20 anos. Tenho dois filhos, Alaguan Luiz e Hives de Souza, que são a minha razão de viver. Hives é casado com Débora Bomfim, tem dois filhos, Hadriell e Aaron, e uma filha, Danielle.

Alaguan solteiro, tem um filho, Patric Ruan.

Estudei contabilidade, modelagem e design de roupas, trabalhei em duas fábricas de roupas no Rio de Janeiro, tendo também minha própria marca e uma pequena fábrica de confecção. Também trabalhei com gerente geral e administrativo em uma grande fábrica de peças técnicas de borracha em Vitória-ES. Formei em massagista terapêutica, tendo também minha própria clínica, tendo registro pelo Ministério da Saúde do Brasil.

Vim para USA em 2002, sozinha. Deixei tudo para trás e comecei do zero. Trabalhei de tudo um pouco, Houseclean, Housekeeping, organize, massagista terapêutica.

Escrevi meu primeiro livro em 2013, *Eu e Deus a vida é um precioso presente*, tendo o lançamento e noite de autógrafos em Philadelphia e Brasil, e Focus Brasil Ny. Terminando o 2º em 2019, *Deus e Eu Intimidade*, com lançamento on-line no Focus Brasil Ny, por motivo da pandemia, com lançamento do 3º *Eu e Deus, nos braços do Pai* o melhor lugar para se lançar, marcado para setembro o lançamento no Focus Brasil Ny, e janeiro no Brasil. Escrevendo o quarto, *Deus de Detalhes*, para lançamento em 2022.

Assim a vida de Celma Brett se transformou em uma linda trajetória, entrevista em rádios: Rádio USA Philly, Radio Fonte de vida Nj, Radios FM em cidades no Brasil.

Entrevistas em jornais: jornal *Berimbal Notícias Brasil*, jornal *Alecrim Flórida*, jornal *Times USA*.

Sendo capa da *Alô você Magazine*, *HIGH PROFILE MAGAZINE* London.

Participação em muitas lives, tendo a honra de ser entrevistada por George Roberts jornalista.

Recebi o prêmio em uma noite de gala da EXPOR, como Empreendedora Internacional, prêmio como troféu dos Notáveis USA, sendo esse ano também o segundo lugar em Pensilvânia dos Notáveis 2020. Homenageada no Brasil pela Câmara de Vereadores da cidade de Amélia Rodrigues, recebendo uma placa de moção e congratulação.

Membro da Academia de literatura internacional Brasileira, faço parte do catálogo Internacional de Escritores.

Em 2018, meu filho, Débora e eu abrimos uma lanchonete em NJ, que ficou muito conhecida, e se transformou ponto do Açaí e café da manhã, CAFÉ DA ROTA, muito conhecida por seus saborosos hambúrgueres, criamos nosso próprio molho da Rota.

Tenho algo em minha vida que levo comigo: sou grata a Deus por tudo. Jamais desisto dos meus sonhos. Eles podem ser grandes demais para os outros, mas para Deus eles são possíveis. Jamais troco meus valores, que são inegociáveis. Deus é sempre o meu tudo, minha força inabalável, o que me impulsiona a jamais desistir.

Os meus sinceros agradecimentos a Rafael dos Santos, pela oportunidade de ter participado do melhor do Brasil em USA, ficando em primeiro lugar. Obrigada a *HIGH PROFILE MAGAZINE* pelo lindo trabalho.

Tentando todos os dias ser alguém melhor que ontem, viver com simplicidade como o canto de um pássaro que encanta, voar o mais alto que a minha imaginação possa levar-me, como uma águia, jamais desistir de voar. Sabendo que nada é perfeito, sem fé nada é possível, ela nos nove a seguir em frente, sem nunca desistir de alcançar uma estrela. Na vida não existe acasos! Existe acreditar que o impossível para nós, é possível para o Todo-poderoso nosso Deus.

Never give up your Dreams.

Crédito da foto: Instagram: Celma-brett-aurora
Facebook: Celma Brett

CLAUDIA KALHOEFER

Vencedora
Literatura Infantojuvenil

Claudia é de Sete Lagoas, Minas Gerais, mas tem dupla cidadania (brasileira e americana). É filha do Zosimo Magalhães e da Maria de Lourdes; tem a mãe como inspiração e é a irmã do meio de dois irmãos, dos quais ela se orgulha muito: Dênis e José Leandro.

Formada em Enfermagem e Direito, era concursada, Supervisora de Enfermagem em Uti-Neonatal e Pediatria em renomados hospitais no Brasil, como Hospital São Paulo (UNIFESP) e o Instituto da Criança (Hospital das Clínicas da USP). Amava cuidar dos pequenos pacientes nos hospitais em que trabalhava, mas seu sonho era ser mãe e ter uma família estruturada e feliz. O seu sonho se tornou realidade. Casada há doze anos, mãe de três crianças preciosas: Noah, Agatha e Alice, vive no Colorado, EUA. Aqui se reinventou e encontrou na maternidade a sua carreira missão.

Atualmente, é Palestrante, Escritora Infantil, Educadora Parental com duas certificações internacionais pela PDA (Positive Discipline Association): Early Child Educator and Parent Educator, Coach para Mães pelo Instituto TeApoio, Certificada em Neurociência do Comportamento pela Head Academy, Colunista do *Mães Mundo Afora* e da *High Profile Magazine*, criadora do instablog materno *@myprecious_kids* e coautora do Materclass Escola de Pais e Canal no YouTube: My Precious Kids. É também coautora dos livros: *Coletânea Mães, Coletânea Universo Feminino –* Editora Infinita Portugal, *Acolhendo a Criança Interior* e *Vida a Dois* pela editora Conquista, mas a sua principal obra é o livro: *As Princesas Encaracoladas.* A ideia da escrita desse livro surgiu através de uma situação que aconteceu com a sua filha que, com apenas quatro anos e meio sofreu bullying na escola por ter os cabelos cacheados. Agatha, se sentia triste por ter o cabelo encaracolado e especialmente porque uma amiguinha na escola disse que ela não poderia ser princesa porque não tinha o cabelo liso. Então para ajudar a filha a se aceitar e ter autoestima, Claudia escreveu esse livro.

Ela não iria deixar que a sua filha se sentisse inferior por não ter o cabelo liso. Claudia também sofreu bullying na escola por ter os cabelos cacheados e lembra que na época suplicou a mãe dela para que alisasse seus cabelos, pois não aguentava mais ouvir que o seu cabelo era feio e ruim. Ela tinha apenas seis anos de idade e desde então, passou mais de trinta anos alisando os cabelos para se sentir bonita e ser aceita pela sociedade. Ao deparar com a história da sua filha, decidiu educar pelo exemplo. Hoje, Claudia está em transição capilar, se aceita do jeito que é e usa os cabelos naturalmente. Ao escrever o livro, curou-se do trauma que sofreu na infância e conseguiu elevar a autoestima da filha que hoje ama ter os cabelos cacheados e sente-se uma princesa de verdade.

Nesse livro *As Princesas Encaracoladas*, Claudia conta o dia a dia de duas irmãs americanas: Agatha e Alice, que amam os contos de princesas, mas perceberam que a maioria delas tem belezas que replicam apenas os modelos de meninas brancas e com cabelos lisos.

De uma forma simples e leve, as *Princesas* falam sobre aceitação, inclusão e diversidade. O livro ensina ao pequeno leitor que os cabelos cacheados, longos, curtos, crespos ou lisos são todos únicos, lindos e especiais! A Agatha e a Alice compartilham que as crianças devem se amar do jeitinho que elas são e que todos nós devemos aprender a enxergar a beleza única de cada um, sem preconceitos e julgamentos.

As Princesas Encaracoladas é um exercício de empoderamento que as crianças devem exercer em seu cotidiano, para se amarem como são e respeitarem umas às outras!

Foi através dessa obra que Claudia venceu o prêmio "O Melhor do Brasil nos Estados Unidos", na categoria "Melhor Escritora Brasileira nos EUA – Infantil". O evento foi criado pelo Rafael dos Santos, realizado on-line no dia 21 de maio desse ano e teve como objetivo celebrar e unir a comunidade brasileira nos EUA, assim como promover a cultura e literatura brasileira.

O livro está disponível no formato físico e *e-book* na Amazon na versão português e inglês: *The Curly Hair Princesses*. O *e-book* já esteve em 1º lugar na lista de mais vendidos da Amazon no Brasil. O Programa Manhã Total da Record Minas fez uma matéria linda sobre o livro e foi indicado pela *Revista Caras Brasil*. Diariamente, Claudia recebe *feedbacks* positivos de mães e crianças que adquiriram o livro e se sentem empoderadas após a leitura. Ela agradece a Deus pela sua realização pessoal e profissional.

kalhoeferfamily@outlook.com

DENNY SILVA

Vencedor

Melhor Mídia de Comunicação para Brasileiros nos EUA

Crédito da foto: Acervo pessoal

O brasileiro nascido no estado de Minas Gerais e, hoje, vivendo em Nova York por mais de 23 anos, contabiliza grandes êxitos em sua carreira profissional e, como não poderia deixar de ser, em sua pessoal.

Assim, seu sonho começou há mais de 40 anos, quando viu uma câmera pela primeira vez. O que veio a tornar-se realidade pouco mais de 19 anos atrás, quando teve a oportunidade de adquirir um equipamento com uma qualidade melhor e, também, mais atualizado. A partir de então, tudo começou a evoluir e tornar realidade aquele sonho antigo. Dessa forma, deu início a seu trabalho com fotografia e produções e eventos. Neste momento, nascia a empresa "Bulleya Photography".

Denny Silva faz parte da Associação Americana de Imprensa, a APA American Press Association. Também é membro da IAPP que é a Associação Internacional de Fotografia de Imprensa e, também, participa ativamente da ABI INTER Associação Brasileira de Imprensa Internacional. E, ainda, é representante da ASI-FUNAI Brasil.

Desenvolve a função de Correspondente Internacional para um grupo de mais de vinte diferentes veículos de comunicação tanto impressos quanto digitais no Brasil. Assim como, exerce a função de Correspondente para duas redes de Televisão.

Desempenha o papel de Colunista de um dos mais importantes jornais nos Estados Unidos, o *Jornal Brazilian Times*, considerado o maior veículo de língua portuguesa veiculado fora do Brasil, além de ser um jornal feito para a comunidade brasileira que vive nos Estados Unidos.

Como Relações Públicas e Administrador de Marcas, cobre grandes eventos e de alto nível nos Estados Unidos, como a NYC New York Fashion Week, conferências da ONU Organização das Nações Unidas. Também, faz cobertura jornalística do evento mais importante do Cinema Mundial, o Oscar e, assim também, o Grammy e os Emmy Awards.

Galgou o privilégio de ter em sua carteira de clientes, grandes personalidades e ainda a possibilidade de trabalhar com uma Rainha.

Denny Silva é ganhador dos seguintes prêmios:

2013 Prêmios Gruperos (Mexico) Repórter do ano

2013 Appreciation Awards (NY) Best Photographer

2014 Notables Brazilian Award (NY) fotógrafo (outstanding community service Award)

2015 Prêmio de la Prensa (Dominican Republic) Fotógrafo Destacado

2016 Prêmios de la Prensa (Dominican Rep /NY) Fotógrafo Destacado

2016 Prêmios de la Prensa (Dominican Rep /NY) Revista do ano (Life & Fashion Magazine)

2016 Universal Awards (Ecuador / Connecticut) Photojournalist of the years

2017 Notables Brazilian (NY) Produtor /outstanding community service Award

2018 Honra ao Mérito (New York State Assembly) Recognition of the Achievement

2019 Diploma Gutemberg (Brazil) Associação Sul Mineira de Imprensa

2019 Certificate of Notability (NY) Brazilian Community Heritage Foundation

2019 Juan Valdez La Revista Award (Guatemala/ Connecticut) Fotografo del ano

2019 Prêmio Empreendedor International (EXPO-BR) empreendedor

2019 Portuguese Brazilian Award (NY) Jornalista do ano

2020 The Best of Brazil USA – Melhor mídia

Producer/Photojournalist/PR

Produtor/Fotojornalista/ Relações Públicas

Assessoria de Imprensa

Press Credentials

APA/IAPP/ABII/ASI-FENAI/ANI **914-490-6912**

NY-USA

FLAVIANNY CYRILLO

Finalista

**Melhor Profissional Brasileira na
Área da Saúde nos EUA**

Crédito da foto: Acervo Pessoal

Chamo-me Flavianny Cyrillo Caitano Marques, paraibana, natural de Campina Grande. Graduada em Nutrição, Nutrition Coach em Boston, Master's Student of Science in Healthcare Management, pela Must University e proprietária da empresa Qualilife Nutrition, LLC.

Com experiência profissional há mais de 13 anos, passei a entender e olhar com empatia para o meu próximo, independentemente da situação ao qual se encontra, compreendendo assim, que somos capazes de transformar vidas quando fazemos algo com amor e dedicação.

Migrando para os EUA, almejava evoluir na educação, como também na vida profissional, mas nem imaginava como amadureceria nos projetos e sonhos em questão.

Há alguns anos, decidiu pôr em prática seu objetivo de continuar transformando vidas, não esteticamente apenas, mas de forma a mudar seu estilo de vida proporcionando mais qualidade e saúde, em meio a uma rotina extremamente frenética.

Como Nutrition Coach com certificado nos EUA, procura entender e atender a necessidade de cada pessoa que busca ajuda para uma melhor qualidade de vida com saúde. Atualmente, atende a comunidade brasileira que está nos EUA e em outros países. Além de mestranda, continua participando de várias atualizações na área em instituições renomadas, como Nestlé, Harvard Health Publishing, American University etc., assim como palestras, para agregar conhecimentos e melhor atender ao público.

É colunista do *Brazilian Times Newspaper* em Boston, há quase dois anos, o que lhe proporcionou diversas oportunidades, dentre elas compartilhar conhecimentos nutricionais semanalmente para a comunidade brasileira, além de favorecer para que tivesse artigos publicados em sites e jornais nomeados do Brasil e como também publicações para o jornal brasileiro nos EUA, *Negócio Fechado News*.

Com o foco em proporcionar e transformar vidas, ensinando como fazer escolhas alimentares informadas e como desenvolver hábitos saudáveis de alimentação e atividade física, segue compartilhando conhecimentos em saúde e mostrando que somos únicos com diferentes corpos, objetivos, experiências e gostos.

"Sinto-me privilegiada e lisonjeada por ter participado dessa premiação 'Melhor do Brasil nos Estados Unidos' e chegar como finalista pelo público neste lindo evento, realizado pelo saudosíssimo Rafael dos Santos e a sua produtora *High Profile Magazine*.

Espero estar sempre preparada para as diversas fases da vida, fazendo tudo com muita dedicação e amor, nunca esquecendo minhas raízes, minha história de vida, caráter, sendo grata ao grandioso Deus, que me fez chegar até aqui, meu esposo que sempre esteve do meu lado, minha família, amigos e a todos que fazem parte da minha vida e da minha história."

Flavianny Marques

flaviannyccm@gmail.com
Flavianny Marques Instagram/ Facebook

KAADO PINHEIRO

Vencedor
Melhor Artista Brasileiro nos EUA

Crédito da foto: Acervo pessoal

Nascido no Ceará-Fortaleza, tendo ido para o Rio de Janeiro ainda criança, é fundador e CEO da PR Productions, e idealizador da Chanel Farofa com Caviá, em Massachusetts, Boston, onde vive há 6 anos.

Vem produzindo peças e está em fase de Pós-produção do longa *A Cápsula*, uma ficção / comédia.

Tem se destacado no circuito teatral americano, incentivando a prática e o domínio da interpretação, dirigindo e produzindo Cursos e Workshops para artistas de teatro e cinema.

Foi indicado ao Focus Brazil Awards Boston 2020.

Ele é o vencedor do Prêmio Notable Brazilian Awards USA 2019, da Brazilian Times Magazine, em Boston, como protagonista do Brasil, o que ajuda a divulgar a imagem do Brasil de forma positiva.

Foi indicado com o filme *Mendigo* e filme *Enterro do Anão* no LABRFF em 2009 e 2011.

No Brasil, trabalhou para a Rede Globo de Televisão e para a extinta Rede Manchete, tendo atuado nas novelas Mandacaru, Bebê a Bordo, Que Rei Sou Eu,

Zazá etc.

Foi delegado do SATED (União dos Atores do Rio de Janeiro - Brasil) de 2010 a 2014, defendendo os direitos dos artistas e promovendo a leitura dramatizada, com autonomia para supervisão de espetáculos e festivais.

Apresentou peças em todo o território do Rio de Janeiro, Niterói, São Paulo, Ceará, Bahia e no resto do país, destacando-se pela inventividade e criatividade.

É um dos fundadores do CGB (Cinema Guerrilha da Baixada Fluminense), em 2008, em que promoveu diversos curtas-metragens premiados no Brasil, Alemanha e Portugal.

É Membro Correspondente Cultural da Academia de Artes e Letras de São João de Meriti, RJ-Brasil desde 2019, com o objetivo de divulgar as atividades culturais da entidade na sua área de atuação artística.

É voluntário no Hospital de Cambridge, fazendo animação para crianças com câncer, por meio de seu grupo de teatro "Olha Nóis Aí".

pr.productionsusa@gmail.com

KARINA RENNO

Finalista
Melhor Empreendedora Brasileira nos EUA

Karina Renno é uma premiada empreendedora brasileira e CEO da Kariok Fashion Fitness, uma loja especializada em roupas fitness para mulheres, com muito estilo e proposta inovadora na Flórida. Foi listada no ranking "Best Brazilian Women Entrepreneurs in USA". Seu Instagram tem quase 4 mil seguidores reais, com mais de 12 mil visualizações em reels. Karina também é bacharelada em Comunicação Social. O sucesso para Karina é fruto de um sonho com trabalho que visa desenvolver o caminho para que esse sonho se torne realidade e com ele o reconhecimento da jornada. O sucesso é a parte comemorativa do projeto.A crença de que só existe um caminho, não há opções, ou seja, é preciso inovar se for levantada uma barreira e buscar caminhos alternativos na mesma direção. Karina, procura dar toques da realidade do dia a dia aos seus clientes e parceiros, com isso está sempre ativa, observando como aplicar essas ideias e estilos, e sempre se atreve a uma proposta que sustente a opinião e desejo dos seus clientes.

Ela acredita que a qualificação do mercado ativo, onde há espaço para todas as ideias e projetos, deve estar sempre disposta a inovar e desenvolver novas propostas, às vezes em um curto espaço de tempo, de forma a satisfazer e surpreender os clientes sempre.

"Num mercado altamente competitivo, pode-se dizer que é pensar cada passo do caminho para o cliente e aos olhos do cliente potencial, satisfazendo-o não só com o produto ou serviço oferecido, mas também inovando em ideais, propostas e opções personalizadas.

O sonho não deve ser visto como uma realização, mas como diferentes portas e possibilidades para avançar com um projeto. Com um mercado amplo e atuante, explorar o que você está disposto a realizar não o torna mais fácil, apenas ilumina o caminho percorrido."

Segundo Karina, no planejamento sempre tem que se ter um plano A, B e C, pois você precisará ajustar ou até mesmo mudar a direção proposta em relação ao que você não controla e entender que a comunidade americana é cordial com os imigrantes que são embaixadores do que é certo.

"Esteja pronta para renovar sua própria cultura e habilidades: você certamente descobrirá algo novo que sabe fazer ou nunca fará."

lilianaalmeida.karina@gmail.com
www.kariok.com

LEO OLIVER

Vencedor
Melhor DJ Brasileiro nos EUA

Crédito da foto: Cris Ulla

Nascido em São Paulo e de grande família, Leo Oliver teve uma infância mergulhada na educação e na escolaridade. Sua mãe, professora de artes e música, sempre o incentivou a estudar a música e os detalhes de obras de arte como as sinfonias de Beethoven e Bach ou as pinturas de Pablo Picasso e Vincent Van Gogh. Foi com essa base cultural, ligada ao empreendedorismo do pai, que fez com que Leo Oliver começasse a explorar o mundo das batidas eletrônicas. Mesmo durante a época de escola Leo Oliver sempre era convidado às festas dos amigos de classe por ter os CDs com as músicas mais atuais ou em destaque.

Já adolescente, ele começou a discotecar profissionalmente por volta dos anos 2000 e rapidamente ganhou um nome de destaque no cenário brasileiro de DJs. Devido ao interesse em música desde jovem e influenciado por gêneros como Soul, House e Techno, ele ficou conhecido pelo seu estilo único com métodos de mixagem inovadoras e ecléticas. Durante a sua evolução profissional enquanto ainda morava no Brasil, ele teve inúmeras residências nos mais famosos clubs de São Paulo, além de se apresentar em diversos eventos e clubes nacionais e internacionais. Nos anos anteriores à sua mudança para os EUA, era comum ouvi-lo como DJ convidado na rádio Energia 97.7fm ou vê-lo performar em clubes referência da cidade, como a Sutton São Paulo, o Galleria SP e o Porto Luna Bar. Clubes estes que sempre o recebem de portas abertas quando Leo Oliver visita a cidade.

"Adoro me apresentar nos clubes de amigos. A energia é única, parece uma festa de família", comenta Leo Oliver.

Agora morando em Miami, ele apresenta um programa de rádio semanal em horário prime na Rádio Revolution (93.5fm) Miami, onde traz como convidados alguns dos principais DJs do mundo, como as irmãs Australianas Nervo ou o Americano Laidback Luke.

A ideia do programa, cujo nome é Oliver Radio Show, nasceu em meados de 2020 e em junho de 2021 fez seu aniversário de 1 ano.

Além disso, com essa exposição semanal na maior rádio do segmento eletrônico de Miami, Leo Oliver tem a oportunidade de apresentar-se em diversos eventos da vida cultural de Miami, de exposições de arte a jogos de basquete, além das tradicionais casas noturnas.

"Miami é, sem dúvida, uma enxurrada de oportunidades por dia", comenta Leo Oliver.

Durante esses 6+ anos morando em Miami, já foi palco para ele os lugares mais badalados da cidade, como Delano Beach Club (anteriormente propriedade de Madonna) e o exclusivo clube de cobertura Tea Room do Hotel EAST, além da badalada casa noturna TreeHouse, por exemplo.

Devido a toda essa exposição, Leo Oliver já foi finalista a três prêmios internacionais para melhor DJ Brasileiro nos Estados Unidos pela Focus Brasil e em 2021 foi eleito como o melhor Dj Brasileiro nos Estados Unidos pela *Revista High Profile*.

"Foi uma honra receber esse prêmio e ver tanta gente talentosa que o Brasil tem, representando nossa cultura nos Estados Unidos", comenta Leo Oliver.

Foi durante o período em Miami também que ele fundou sua própria gravadora, chamada Mukeka Records, e vem desde então lançando suas próprias produções, independentes ou em parceria com outros

Djs e Produtores (como o americano Roland Clark), além de apoiar novos artistas que desejam divulgar o seu trabalho nos canais sociais e especializados. A gravadora vem crescendo gradativamente e a cada novo trabalho vai deixando sua marca no mundo da música eletrônica mundial.

"Até o momento isso tem sido um aprendizado incrível", comenta Leo Oliver.

Para Leo Oliver, o processo de constante aprendizagem e a busca pelo novo são os dois fatores mais importantes desenvolvidos durante esse período nos Estados Unidos. Apesar de essa ser a terceira experiência de vida fora do Brasil, com certeza, até o momento foi a que mais gerou frutos positivos para a sua carreira.

Quando perguntado se voltaria a viver no Brasil, sua resposta é sempre a mesma: "Prefiro que o Brasil venha viver comigo nos Estados Unidos".

Mas o trabalho ainda não acabou. Leo Oliver segue investindo em projetos culturais pelo estado da Flórida e expandindo sua presença nos canais especializados da música eletrônica mundial, além de já ter transformado seu rádio show em um dos Top 5 programas mais ouvidos pelo público da rádio Revolution 93.5fm Miami.

"Não tem segredo de sucesso. É acordar todo dia pronto para explorar todas as oportunidades disponíveis. Simples assim!", comenta Leo Oliver.

Para contatos profissionais:

www.djleooliver.com
leoolivermusic@gmail.com

LUCIANA PADILHA

Vencedora

Personalidade de Destaque nos EUA

Crédito da foto: Acervo LP Infocus

Luciana Padilha ganhou notoriedade internacional através dos seus trabalhos executados por sua empresa com coberturas jornalísticas para os estudantes da Harvard e MIT nos EUA, Fashion Week NYC, Beauty Show NYC, UFC e realizando eventos de Business e Networking nos EUA para pessoas renomadas como o Presidente do Brasil, Doutor Hollywood entre outros.

Através do seu projeto BRILIVE CONFERENCE lançado na Harvard University, ganhou muito mais autoridade e notoriedade, onde atingiu mais de 1 milhão de brasileiros pelas redes sociais e ganhou espaço em vários meios de comunicação internacionais.

Através do seu profissionalismo e exposição dos seus trabalhos executados, foi nomeada e premiada como Empreendedora USA – 2017 em Boston, destaque da Comunicação em 2018 pelos NOTÁVEIS USA em NYC.

Em 2021 foi indicada e condecorada a Embaixadora Internacional da Comunicação pela ALAC-BR (Academia de Letras e Artes da Cultura do Brasil) e indicada a concorrer ao prêmio Melhores do Brasil como Destaque dos EUA na Europa, por sua empresa LP Infocus International Media & Magazine.

Luciana Padilha a cada ano vem inovando e atrelando sua marca a projetos internacionais junto a brasileiros que incentiva a educação e o empreendedorismo ao redor do mundo.

E seu maior propósito de vida é continuar incentivando novos empreendedores a construírem sua história e deixar um grande legado de transformação e inspiração.

lpjornalista@gmail.com
lpinfocus.com

MARGARETH NATALI – (MARGÔ)

Vencedora
Melhor Chef Brasileira nos EUA

Crédito da foto: Acervo pessoal

Eu sou, Margareth Natali, mais conhecida como Margô Natali. Sou chef de cozinha. Quando olho para trás percebo que trilhei muitas estradas com várias curvas, subidas e descidas desafiantes, no entanto, sempre chegando ao destino. Nunca fui de desistir do meu propósito de cuidar do outro com olhar sensível e humano. Sou muito grata a todos (as) que me acolheram e me incentivaram até aqui. Minha história começa pela minha origem, de uma terra acolhedora, empreendedora e de muito trabalho voluntariado. Sou natural de Maringá, estado do Paraná, região Sul do Brasil. Meus pais são pioneiros da cidade. Uma cidade planejada, arborizada, ruas largas com seus ipês de diversas cores. O colorido e o perfume dessas árvores sempre me chamaram atenção por demonstrar alegria, vida. Como nas árvores, via nos coloridos dos legumes, dos temperos, dos vegetais, a beleza das reuniões em nossa família. Desde pequena, interessei-me por cozinhar, vivia na cozinha vendo minha mãe Juracy Natali preparando almoços e jantares, pães e bolos maravilhosos. Ao fazer um curso de culinária à base de soja, ela apareceu na televisão local para uma entrevista e demonstração das delícias aprendidas. Um dia inesquecível! Decidi que queria seguir por esse caminho, cozinhar com amor e deixar as pessoas felizes.

Eu viajei pelos quatro cantos do mundo e me apaixonei pela gastronomia e cultura. Em cada país busquei conhecer a culinária, experimentar temperos, fazer experiências gastronômicas, uma imersão maravilhosa. Percebi que, ao conhecer cada lugar, adentrei em suas misturas criativas e naturais. Entendo que texturas, temperos, sabores, cores, paixão e arte se completam, se contrastam, e isso me inspira. Escolhi a profissão de cozinheira por compreender que eì por meio do afeto, da sensibilidade, do preparo das refeições que demonstro o meu amor pelas pessoas.

Cheguei em 2000 aos Estados Unidos motivada pela busca em conhecer uma nova cultura. Dessa forma, iniciei minha carreira como cozinheira atuando na rede hoteleira e resorts de renome valorosos: Hilton, Omni e também em restaurantes de diferentes culturas: italiana, francesa, americana, brasileira e indiana. Realizei o meu sonho e fiz minha trajetória como profissional na cozinha e aprender com diferentes chefs.

Minha vida é cozinhar. Amo o que faço. Amo o que me tornei como profissional. Sou voluntária como cozinheira nos projetos de ação social do Rotary Internacional e outras organizações, que têm como objetivo arrecadar fundos para dar assistência a pessoas com câncer, ELA (esclerose lateral amiotrófica) e a ajuda humanitária às vítimas do terremoto de Nepal. A minha maior e marcante conquista profissional foi participar do Projeto do Rotary Internacional em prol do Nepal. Cozinhar com afeto para levar consolo aos que mais necessitam de nós eì uma dádiva. Por essas ações, entre outras, sou muito grata por ajudar e ter o apoio incondicional da minha família e amigos e isso me honra muito.

Não poderia deixar de dizer sobre o meu Canal no YouTube "Delícias em família" que criei para pessoas iniciantes na cozinha, com comidas rápidas e práticas para o dia a dia criando pratos simples e sofisticados e simplificando os processos da cozinha para quem está começando a aprender a cozinhar e buscando obter resultados impressionantes e eficazes. Percebi muita interação com as pessoas em meu canal, deixando-me feliz em poder ajudar um público mais diverso. No início, pensei que seria uma experiência passageira devido ao momento em que estamos vivendo da pandemia, no entanto, a busca por mais receitas e vídeos aumentaram e me motivou a produzir mais receitas e colocar no canal. Se você não conhece, acesse-o para conferir as "Delícias em família". O nome desse canal foi inspirado no sentimento que a comida remete a mim e à minha família.

Tenho muito orgulho da cultura brasileira com seus temperos, comidas, música e diversidades regionais. O Brasil eì um país maravilhoso e cheio de diversidade. As experiências são únicas na vida de uma cozinheira. Ver que as pessoas buscam conhecer nossas iguarias e ficam encantadas com nossos pratos saborosos tem sido muito gratificante. Neste momento, estou resgatando minhas raízes na culinária, buscando as receitas de memórias afetivas da infância e da juventude. Tenho certeza de que será uma experiência única.

Tenho consciência de que tudo que aprendi aqui nos Estados Unidos me inspirou a ser cozinheira e sou muito grata. Sinto-me realizada. Agradeço, imensamente, ao coordenador do Concurso de Melhor do Brasil nos EUA, Rafael dos Santos, pelo incentivo, carinho e total apoio a nós, brasileiros e brasileiras, que viemos conquistar um lugar ao sol.

mmargo344@gmail.com

MARGARETTE MATTOS

Vencedora
Melhor Artista Brasileira nos EUA

Margarette Mattos é uma artista brasileira de arte expressionista abstrata, natural de Vitória, Espírito Santo, cidade localizada no sudeste do Brasil. Sua carreira começou no início dos anos 1990, quando ela foi convidada para participar de um projeto de arte patrocinada pela Universidade Federal do Espírito Santo – UFES. O objetivo da exposição, intitulada 'Visões de Vitória', foi destacar a cultura e arquitetura da cidade. Ao fazer a pesquisa com o intuito de elaborar este projeto, Margarette teve seu primeiro contato com a possibilidade de utilizar o minério de ferro para se expressar como artista. Isso ocorreu porque, como Vitória é uma cidade com um importante complexo portuário, ela foi procurar saber quais produtos eram transportados pelos navios. Descobriu então que a maior movimentação era a exportação de minério de ferro, oriundos principalmente de Minas Gerais e de Carajás.

Ela passou anos pesquisando sobre o minério de ferro, antes de encontrar a maneira correta de incorporá-lo efetivamente em seus trabalhos sem que o próprio perdesse o brilho, textura e sua cor natural. Em suas obras, usando técnica mista além do minério de ferro, ela também utiliza óxido de ferro, ouro, cobre, resinas, vernizes e ceras para obter uma composição harmoniosa com texturas únicas, cores, brilhos e opacidades que se refletem em suas telas, caracterizadas pelas cores fortes com contrastes e texturas incorporados a formas geométricas e abstratas que, muitas vezes, assemelham-se a portas e janelas. Para desenvolver suas pinturas, muitas vezes ela abre mão do uso dos pincéis e gosta mesmo é de trabalhar com as mãos. Dessa forma, ela diz que pode sentir as texturas e ter mais liberdade para criar e finalizar suas obras.

Margarette Mattos atualmente reside em Cambridge, Massachusetts e já expôs seus trabalhos nos Estados Unidos, Brasil e Europa. Alguns de seus trabalhos já foram expostos nas galerias Jo Slavieiro & Guedes, em São Paulo-Brasil, Pleiades Gallery, em New York City e, em 2002, na Judi Rotenberg Gallery em Boston. Ela possui quadros em acervos públicos e privados no Brasil e Estados Unidos.

Margarette recebeu premiação de melhor artista plástica na categoria Visual Arts do evento Brazilian International Press Awards 2015, em 2016, na categoria Mix Media, em 2017, na categoria Visual Arts

Abstrata, em 2018, na categoria Visual Arts Pioneers of Brazilian Arts. Em 2020 foi premiada no Focus Brasil Awards Boston na categoria Visual Arts e no Focus Brasil Visual Arts na categoria Instalação.

A artista faz parte do seleto grupo de artistas da Cambridge Art Association em Cambridge, MA, onde já participou de vários eventos e exposições, sendo premiada com o primeiro lugar na exposição "Small Works", em 1999. Ela conquistou o também o primeiro lugar na exposição Brazilian Artists of New England organizada pela Prefeitura de Boston, em 2000. Em 2016, ela fez a exposição "Terras e Minerais do Brasil" no Consulado Brasileiro em Boston, na qual fez doação ao Consulado da obra intitulada "Hymno", uma homenagem aos imigrantes brasileiros. Tal obra está exposta na entrada do Consulado Brasileiro em Boston. Fez também várias exposições individuais em Boston, como, por exemplo, "Universe", na Piano Factory Gallery, em Boston, MA, "Metamorphosis", no Banco do Brasil, NY, e foi a primeira artista brasileira a fazer uma exposição na Massachusetts State House, em Boston. Participou também do importante evento "Basel Art Fair" – Spectrum em Miami, FL, em dezembro de 2014.

Além de suas pinturas, a artista também é produtora cultural e coautora do Projeto Mostra Sua Cara, que é um grande sucesso on-line, no qual já foram entrevistados centenas de artistas brasileiros, entre fotógrafos, artistas visuais, cantores, profissionais da dança, escritores etc. Ela participou de várias exposições colaborativas e de instalações de arte pública como a escultura de lixo "América, 500 anos de Devastação e Saque", em Vitória, ES em 1992, com o artista Washington Santana. Como resultado, foram convidados a participar no ano seguinte do importante Documenta de Kassel, na Alemanha, onde criaram, com o lixo local, um projeto similar.

Margarette também utiliza a arte como ferramenta, para ajudar pessoas com dificuldade e/ou depressão, além de pessoas que passam ou passaram por abusos e violência doméstica. Utilizando a arte como suporte, consegue resgatar nessas pessoas a autoestima e o amor próprio. Ela define a Arte como um trabalho de conexão com a alma, com o mundo e com aqueles que estão a sua volta. A arte estabelece uma troca de energia, de expressões, de sentimentos e sensações. É por meio dessa troca que conseguimos compreender o valor do outro e o que realmente consideramos importante em nossa vida. Por isso, ela costuma dizer que "Arte não é só um quadro na parede, a Arte resgata Vidas".

margmattos@hotmail.com
margarettemattos.com

MIRIAN SILVA

Vencedora

Melhor Cantora Brasileira
nos EUA

@lucianapadilha

Mirian Silva é uma mineira de Conselheiro Pena-MG, conhecida como uma cowgirl em sua cidade, com seu estilo country e apaixonada pela música sertaneja, onde encontrou um estilo que representa sua identidade, seu jeito simples de viver, mas ousada e desbravadora desde adolescente.

Mineira de Conselheiro Pena e cidadã americana, Mirian escolheu, há 15 anos, os EUA como sua segunda casa, para construir uma vida profissional, empreender, conquistar seus sonhos e ajudar seus familiares, amigos e instituições filantrópicas.

Longe da família e suas raízes, com seu talento, encontrou na música uma forma de tocar a alma e o coração das pessoas que deixaram suas raízes para trás também.

"A música veio como um presente. Sinto imenso prazer em compartilhar o meu talento, cantando e tocando em projetos sociais como voluntária, tanto na cidade de Conselheiro Pena quanto no exterior.

Desde então, venho inspirando crianças e adultos através da música e meu estilo, levando um pouco da cultura brasileira para o exterior.

E meu maior propósito de vida é continuar impactando pessoas independente da idade e cultura, através da música brasileira com muito amor e por onde eu passar."

mirian@fadacleaners.com

NÉLIA R. SANTOS

Vencedora
Melhor Contadora Brasileira nos EUA

Crédito da foto: Acervo pessoal

Nélia R. Santos. Nasci em Mato Grosso do Sul, no nosso querido Brasil, na década de 60. Sou filha de engenheiro e enfermeira, e tenho mais dois irmãos menores. Por meu pai ser engenheiro de hidroelétrica, mudamos muitas vezes até chegar em São José dos Campos. Moramos lá dos meus 16 até 30 anos quando me mudei para os Estados Unidos, sempre tive sonho de morar nos Estados Unidos e isso foi conseguido após vários anos de tentativas, em 1998, onde conheci meu marido e tive minha linda filha. Trabalhava em um banco, concursada, e pude ter certeza que esse era o meu ramo de trabalho. Cursei faculdade de Economia, porém não pude terminar. Mas esse sonho ainda não tinha saído do meu coração.

Estabelecemo-nos e começamos como todo bom imigrante. Eu com limpeza de casa e meu marido construção. Aprendemos muito e crescemos muito, pois conhecer outra cultura nos faz crescer como pessoa. Vimos os esforços de cada imigrante nas dificuldades, nos enganos, muitas vezes ouvindo pessoas que não tinham o menor conhecimento do assunto. Pessoas mais simples que acreditavam em todos e muitos com má fé acabava prejudicando muitos. Leis de imigração apareceram e muitos não aproveitaram a oportunidade for falta de informação.

Sonhos sempre tive e com muito esforço e dedicação conseguimos nos formar em Finanças e Contabilidade numa conceituada Universidade em Boston, onde nos ajudou a ter conhecimento e com isso poder ajudar nossa comunidade brasileira na região.

Confesso que não foi fácil voltar a estudar aos 40 anos de idade e em uma língua que não é a sua principal. Mas pela graça de Deus e força da minha família, conseguimos e hoje temos já dois escritórios em Massachusetts. Nossa missão é fazer um trabalho honesto, com dedicação e ajudar os brasileiros a conseguirem estar em dia com os impostos americanos sem pagar muito. Nossa meta é sempre auxiliar nas decisões e fazer que seus businesses prosperem dentro das leis. Ajudar os mais simples tem sido um prazer para mim.

Orientar nosso povo a obter aquilo que lhe é de direito, é nossa meta.

Até aqui tem nos abençoado o Senhor e por isso toda a honra e glória ao Senhor do universo por nos abençoar e hoje estarmos participando desse momento histórico. E gratificante ver tantos brasileiros mostrando seu trabalho, valor e dedicação mesmo fora do Brasil e ao redor do mundo, mostrando quanto somos capazes de fazer obras maravilhosas. Que todos nós possamos ter isso em mente. Somos voz e exemplo para os que ao nosso redor estão. O que temos feito com isso? Vamos dar o nosso melhor, valorizar as pessoas, ser honestos, e fazer sempre o bem. Deus abençoe a todos nós.

nsantos@protaxhouse.com

RENATA DA COSTA

Finalista
Melhor Escritora Brasileira nos EUA

&

RAPHAEL DA COSTA

Vencedor

Crédito da foto: Acervo pessoal

Renata da Costa é de Goiânia-Goiás, porém mora nos EUA. Professora, escritora, atriz, produtora executiva, artesã, fotógrafa e mãe de autista. Autora das obras *Meu Pequeno Grande Mundo* e *O banho de banheira*, que falam sobre seu filho autista e também escritor. Organizadora da *Antologia Talentos por trás do Autismo*. Já escreveu poesia, conto, teatro, paródia e infantis. Título de Condessa da Literatura Brasileira; Membro da Academia Internacional de Literatura Brasileira de New York; Acadêmica Fundadora da Academia Internacional Mulheres das Letras; Membro da Academia de Artes e Letras Internacional da Baixada Fluminense e Brasil; Acadêmica Fundadora e Embaixadora da Academia Internacional de Literatura e Artes-Poetas além do tempo; Núcleo Acadêmico de Letras e Artes de Portugal; Acadêmica Fundadora do Núcleo Acadêmico Italiano di Scienze, Lettere e Art na Itália; Comendadora das Artes e Negócios do Brasil; Prêmio Sou Mulher Poesia; Prêmio Apontador: Evidências Literárias 2021; Prêmio 100 Melhores Poetas Lusófonos Contemporaneos 2021; Prêmio Internacional Era uma vez; Embaixadora da Rádio Agora. Possui textos publicados em várias antologias Nacionais e Internacionais.

Raphael da Costa tem 11 anos. Autista, TDAH, distúrbio social, de comunicação e comportamental, ansiedade, porém superdotado. Estuda piano pela Berklee, já tocou em 4 concertos. Por três anos ele tocou as próprias composições. Toca piano, bateria, flauta e já tocou violão aos 3 anos de idade. Compositor de três músicas de três shows de TV nos Estados Unidos. e agora como escritor. Autor da obra *I love you Mamma*, participante da antologia *Talentos por trás do autismo*. Nesse ano de 2021, lançará mais 2 livros que já estão na fase de ilustração. Membro das Academias de Literatura de New York e Academia Virtual de Letras kids. Desde muito pequeno sempre se divertiu muito com os livros e papéis. Ao ver sua mãe, Renata da Costa, lendo e escrevendo, pegava algumas folhas montava um livrinho e escrevia algo. Apaixonado por jogos e eletrônicos, planeja estudar na conceituada MIT para engenharia de softwares, sonha em ser youtuber, trabalhar na Microsoft e criar programas e jogos. Sigam Raphael pelo Instagram @ e3editions.

renatanunes21@hotmail.com

SHEYLLA ABREU KENNEDY

Vencedora

Melhor Entretenimento Brasileiro nos EUA

Crédito da Foto: Sissi Rodrigues

Ela nasceu para brilhar, cuidar das pessoas em sua volta, para emocionar, fazer rir... Ela possui uma ingenuidade especial... É pura de alma e de coração, acredita que o ser humano ainda pode dar certo e ama toda forma de arte, principalmente o teatro.

Esta é a atriz Sheylla Abreu Kennedy, uma baiana arretada de Euclides da Cunha, que cresceu no Rio de Janeiro e, em 1999, escolheu os Estados Unidos para viver.

Se você não a conhece ainda, precisa conhecer.

Sheylla é uma daquelas pessoas divertidas, intensas e engraçadas, que a gente tem prazer em ter por perto. Ela, que queria ser atriz de novela, fez de sua vida um folhetim de sucesso.

Em 2001, numa festa infantil, Sheylla conheceu James Kennedy, natural de Boston, e seus filhos, Ty e James Junior, na época com apenas 5 e 6 anos. Desde então Sheylla os criou, tornando-se uma excelente madrasta. Eles viveram com ela até a idade adulta.

Em 2003, James e Sheylla se casaram em Las Vegas. Ela costuma brincar dizendo que o casamento em Las Vegas é válido e verdadeiro sim, igual seu amor por

James. "Não me casei pelo Green Card e sim porque ele sabe cozinhar" – brinca ela. Dessa união nasceram dois filhos, Ashley e Kevin.

Sheylla também é muito presente na vida de sua sogra, auxiliando-a na rotina diária com sua cunhada que precisa de cuidados especiais.

Sheylla é multitarefas, trabalha de babysitter, agente do Governo e ainda encontra tempo para trabalhos voluntários. Mas ela sempre faz questão de tirar um tempo especial para se divertir e viajar com o marido ao redor do mundo.

Em 2005, Sheylla descobriu o Teatro Brasileiro de Boston e o Teatro Brasileiro de Boston a descobriu. A escritora, diretora e atriz Edel Holz, criadora do Teatro, foi a grande responsável por Sheylla realizar seu sonho de atuar na América. Com ela, Sheylla aprendeu que não existem pequenos papéis e sim pequenos atores, já que sua primeira atuação como atriz nos Estados Unidos foi uma participação de 10 min na comédia "Brega é quem me diz", que tinha Sidney Magal como ator convidado e ele rasgou elogios à atriz, que interpretou uma caloura do Chacrinha e arrancou aplausos da plateia.

Sheylla ama tanto o mundo da arte que contagiou sua família com ele. Seu filho Kevin atuou como o menino Jesus com 5 meses de nascido, e seu marido James fez um policial em um filme brasileiro.

A atriz foi convidada por diretores do teatro locais para outros projetos, atuando em filmes e videoclipes. Chegou a fazer o musical "Mudança de Óbito", grávida de 8 meses e, por um momento, pensou que fosse dar à luz em cena. Mas ela conseguiu terminar a temporada antes do parto!

Sheylla tem uma galeria de personagens: foi freira, formiga, casinha, narradora e até árvore de Natal. Mas sua maior criação, que é também um papel muito marcante e conhecido nos Estados Unidos e até no Brasil, foi a Vovó Lindaura. O nome é homenagem à sua avó materna (falecida antes de Sheylla nascer) e a inspiração para o personagem vem da sua avó paterna, Maria Beatriz, mais conhecida por Menininha. Sim, Menininha que era a avó de verdade, que tinha sempre muito amor para dar, muita bondade, e em 2019 deixou saudades. A Vovó Lindaura, muito gente boa, foi apresentar o programa Classifalado do jornal Negócio Fechado e hoje milhares de seguidores acompanham a senhora mais querida da América em sua página do Facebook e Instagram – "Se abrindo com a Vovó", um programa semanal que une entretenimento e informações úteis para a comunidade – aluguéis, empregos, doações e ajuda comunitária.

Sheylla ganhou vários prêmios como atriz, como Melhor Atriz 2019 do Focus Brasil de Boston, Notáveis Brazilian Awards 2017, Prêmio de Reconhecimento e Mérito pela ABI Inter e Jornal Negócio Fechado. Isso colaborou para sua realização pessoal e fortalecimento de sua autoestima.

Mesmo no tempo difícil de pandemia, Sheylla, ou melhor, a Vovó da comunidade brasileira em terras estrangeiras, não desistiu de fazer o programa.

Em 2021, seu Programa vence o Prêmio "Melhor do BRASIL nos EUA", que destaca a Vovó na mídia competitiva e, muitas vezes, injusta. O prêmio veio em boa hora, para reafirmar o talento e reacender a chama da perseverança.

Sheylla é determinada, uma mulher temente a DEUS,

que luta para chegar aonde quer; é uma realizadora de sonhos e inspiração para muitos.

Sem dúvida, Sheylla Kennedy é gente que venceu na América!

Sheylla Abreu Kennedy
Nome artístico: Vovó

SID DEGOIS

Finalista
Melhor Artista Brasileiro nos EUA

Crédito da foto: Vanessa Lara Machado

Nascido no Brasil, Sid Degois teve sua juventude cercada pela luz, cores, música, texturas, rico patrimônio cultural e biodiversidade da América do Sul. Agora, o Artista Visual, radicado nos EUA e residindo em Maine, continua usando esses Sielementos formativos em seus trabalhos.

Cofundador do Projeto Mostra Sua Cara, que mostra e eleva a Arte e a Cultura Brasileira nos EUA, já registrou mais de 200 histórias contadas por artistas brasileiros de todos os cantos do mundo. O objetivo do Projeto é promover a diversidade cultural brasileira com particular atenção para os brasileiros que vivem fora do Brasil onde se busca criar um diálogo sobre a Cultura Brasileira e o resgate de identidade Cultural.

Participou de várias exposições de Arte Individual e coletiva na região da Nova Inglaterra, premiado pelo seu trabalho na Exposição Sex O como melhor exposição coletiva pelo Focus Brazil Visual Art Awards em 2020. Finalista no Focus Brazil Visual Arts Award Flórida como melhor Artista Arte Figurativa 2020.

Finalista no Focus Brazil Arts Award Boston 2020 Como melhor Artista Visual.

Exposições:

Coletiva Forms and Colors

Gafney Library Art Center-NH

Coletiva South Sounds

Space Gallery – Portland-ME

Coletiva Sex O

Piano Craft Gallery – Boston-MA

Conheça mais sobre o artista e seu processo no

degoisart.com ou Instagram @degoisart e

@projetomostrasuacara

degois26@aol.com
Site pessoal ou Blog: degoisart.com

SIMONEIDE ALMEIDA

Finalista
Melhor Artista Brasileira nos EUA

Crédito da foto: Acervo Pessoal

Simoneide Almeida, uma imigrante brasileira nordestina, arretada e inspiradora como atriz comediante nos EUA, premiada e renomada.

Nascida em Recife-PE, como toda sonhadora, viu uma possibilidade e oportunidade em imigrar para os EUA há 21anos, para ajudar sua família financeiramente e, principalmente, sua mãe que se encontrava com problema de saúde.

Após 10 anos vivendo na América, longe de familiares e amigos, encontrou-se deprimida e lembrou-se do momento em que se inspirava em sua mãe (Cláudia Batista) como atriz, compositora e cantora de palco no Brasil.

Já vivendo nos EUA, viu um anúncio no jornal sobre um curso de teatro e foi se aperfeiçoar.

Simoneide, que sempre se inspirou em sua mãe desde criança, decidiu trazer alegria não apenas para si própria, mas para toda a comunidade brasileira.

As muitas vezes que pensou em desistir, por se achar sempre crítica, sentia uma força interior que vinha de Deus para não desistir dos seus sonhos e lembrava-se principalmente de sua mãe, sua maior inspiradora e incentivadora.

Todos os dias, Simoneide falava para si mesma, olhando para o espelho, que tinha vindo ao mundo para brilhar e sua forma de impactar vidas seria em cima do palco, onde tinha certeza que era o seu lugar.

E foi quando criou a sua personagem SHERONEIDE SEM NOÇÃO junto com sua amiga, ganhando mais autoridade, o que lhe rendeu premiações e mais notoriedade como atriz pela comunidade brasileira de Boston.

Hoje, Simoneide Alemida, a grande "Sheroneide Sem Noção", quer ganhar o mundo com seu talento e continuar inspirando outras pessoas a nível internacional e levando alegria.

simoneidea@gmail.com

TAMARA LOPES

Finalista
Melhor ONG nos EUA

Crédito da foto: Michelle Sarmiento

Nascida em Recife-PE, Tamara tem mais de 20 anos de experiência como terapeuta. Segundo ela, essa profissão a escolheu e não o contrário. Sua missão de vida é guiar mulheres em seus processos de autoconhecimento, reconexão, empoderamento, transformação, cura e expansão da consciência em busca de mais significado para suas vidas morando no exterior. Esposa do Hugo e mãe da Clara, de 18 anos, ela saiu do Brasil em 2008, acompanhando seu marido. Viveu por 3 anos na Índia, onde esteve imersa na espiritualidade daquele lugar e estudou com grandes mestres e escolas, aprofundando os seus conhecimentos de Yoga, Meditação, Ayurveda e Filosofia Védica. Em 2011, a vida profissional de seu marido a levou para os Estados Unidos e foi aí que sentiu as dores do famoso choque cultural. Como terapeuta, Tamara já havia ajudado muitas mulheres em processos de adaptação, mas, pela primeira vez, sentiu na pele. Ela tinha sido muito feliz na Índia, pois já tinha um desejo de alma de morar naquele país. Quando chegou aos Estados Unidos, sentiu-se sozinha, deslocada, perdida e desconectada do seu propósito. Naquele momento, percebeu que precisava fazer alguma coisa e que não era a localização geográfica que determinaria a sua felicidade. Decidiu então reconectar-se com o seu poder e propósito, parar de julgar e reclamar da realidade que estava vivendo, reconectou-se à sua rotina de saúde, colocou a sua energia no mundo para fazer conexões autênticas e passou a ver as dificuldades como oportunidades. Dessa inquietação, alinhando todo o seu conhecimento e experiência como Terapeuta à sua vida de mulher expatriada, nasceu o Global Soul® Movement, um programa pioneiro e único no mundo a oferecer a possibilidade de a mulher que vive no exterior mergulhar em seu processo de autoconhecimento, reconectar com o seu poder e transformar a sua vida de uma forma criativa, integral e personalizada, fortalecendo sua vida e a das pessoas ao seu redor. O Global Soul® começou tímido: poucas mulheres se reuniam em Círculo na casa de Tamara, no Texas. Aos poucos foi ganhando forma, corpo e identidade. Entre 2016 e 2018, os Círculos de Mulheres, uma das ferramentas mais importantes do projeto, aconteceram gratuitamente no Consulado-Geral do Brasil em Los Angeles, onde, uma vez ao mês, 40 mulheres se reuniam para viver a Jornada Terapêutica desenvolvida por Tamara. Em 2019, ela viajou por cidades nos Estados Unidos e México, facilitando jornadas terapêuticas para as comunidades brasileiras locais. Hoje, além de um Portal exclusivo para membros, Tamara realiza Círculos de Mulheres gratuitos on-line mensalmente, beneficiando mulheres nos quatro cantos do planeta. Basta conexão com a internet e coração aberto para sentir, ouvir e conectar-se consigo mesma. Talvez você tenha chegado até aqui e esteja se perguntando "mas o que é o Global Soul® na prática?" É uma oportunidade especial para mulheres que desejam se reinventar, conquistar seus sonhos pelo mundo afora, ter uma vida com mais propósito e ter a oportunidade de olhar para dentro de si. É um método e uma plataforma virtual (e presencial!) de apoio à mulher brasileira por meio de programas transformacionais, *workshops*, meditação, retiros, Círculos de Mulheres e comunidade. É um espaço seguro e livre de julgamentos para compartilhar emoções e desafios. É um chamado para a mulher que se sente sozinha e está em busca de propósito, acolhimento e significado. Tamara também é Mentora de Meditação e Expansão da Consciência, Terapeuta Ayurvédica,

Arteterapeuta Junguiana, Certified Holistic Health Practitioner, AADP, ThetaHealer®, Instrutora de Barras de Access®, Coach Transformacional, Florais de Bach, Guardião de Círculo de Mulheres, Facilitadora em Soulcollage® e Mestre em Reiki.

tamara@tamaralopes.
net www.tamaralopes.net

TONY MOTTA

Vencedor

Melhor Cabeleireiro Brasileiro nos EUA

Crédito da foto: Acervo pessoal

Tony Motta é um hairstylist brasileiro cujas destacadas habilidades combinam não apenas trabalhos comerciais como também criação de imagem e conceito, inovadoras esculturas e projetos de arte. Ele é mais conhecido por seu trabalho que integra artes e experiências sociais que cativam pessoas em todo o mundo.

Ele redefiniu o método tradicional de criação de estilo e imagem de cabelo para obter resultados de sucesso. Usando sua experiência internacional e múltiplas técnicas combinadas com sua mente criativa, ele cria uma atmosfera cheia de arte e originalidade.

O trabalho de Tony foi destaque em revistas de moda, jornais e televisão no Brasil para programas como Globo, Band, TV Gazeta e Record. Além disso, já participou de feiras internacionais de cabeleireiros, desfiles de moda, performance em eventos. Foi também o principal convidado de feiras de cabeleireiros para apresentações na Hair Brasil. Tony serviu como educador artístico de algumas das marcas de beleza líderes mundiais, Wella, Alfa-PARF, L'oreal, Matrix, Schwarzkopf e outras que utilizaram sua visão criativa e experiência global para desenvolver arte inovadora e ousada que fala com a beleza, imagem e emoções de pessoas em todo o mundo. Ele recebeu vários prêmios nacionais e internacionais por seu talento e experiência, como o prestigiado campeonato mundial Wella Trend Vision Awards, onde conquistou o primeiro lugar no Brasil, em 2004, entre 60.000 competidores profissionais e, posteriormente, representando o Brasil nas instalações do Museu do Louvre, em Paris, França, no mundial de cabeleireiros.

De seu trabalho premiado, Tony foi convidado a ensinar técnicas criativas de cabeleireiro na Europa (Barcelona-Espanha). Foi professor de cabeleireiro e responsável por novas tendências na Escola Cazcarras de Barcelona onde também trabalhou como freelancer para a AFES – Associação Catalã de Fotografia, desempenhando inúmeros trabalhos de moda.

Tony foi convidado para morar e trabalhar nos Estados Unidos e teve seu trabalho reconhecido como arte e, além de um visto especial, o O1 (Visto para pessoas com habilidades extraordinárias), também foi premiado em 2017 (Portuguese Brazilian Award 2017), no Lincoln Center em Nova York, por seu trabalho criativo e por inspirar profissionais da comunidade brasileira e portuguesa ao redor do mundo. Hoje, ele trabalha no prestigiado salão Sahag Workshop, em Nova York, um dos mais antigos e famosos salões da ilha de Manhattan, por onde passaram celebridades de todo o mundo.

Não apenas como hairstylist, Tony também é diretor artístico do salão, sendo responsável por toda imagem visual criada para o salão e para os produtos de beleza do Sahag, além de assinar trabalhos como fashion editoriais para revistas de moda nos EUA. Como artista plástico Tony tem suas recentes criações (esculturas) expostas na prestigiada galeria de arte Saphira & Ventura em Manhattan-NY.

tonymotta.ny@gmail.com

VANESSA REGNERY

Finalista
Melhor Empreendedora Brasileira nos EUA

Crédito da foto: Carla Roberta Photography

Vanessa Regnery é Secretária Executiva, nascida em Curitiba, no Paraná. Empresária, proprietária de uma Companhia de Limpeza Residencial e Comercial. Migrou para os EUA em 2013, e desde que decidiu abrir sua companhia vem se destacando na comunidade brasileira e americana onde foi premiada por 2 anos consecutivos como melhor Empresa de Limpeza em Nashua, NH, nos EUA, segundo o jornal Telegraph, um dos maiores jornais de New Hampshire, estado onde vive há 3 anos. Foi nomeada pela comunidade brasileira para a premiação melhor do Brasil como Mulher Empreendedora nos EUA e ficou entre as 5 finalistas. Faz parte da BNI (Business Networking International), maior grupo de network do mundo e dá coaching para as pessoas interessadas em iniciar seu business na área de limpeza.

Empreendedora desde muito nova, já foi proprietária de um salão de beleza com Boutique, Loja de Presentes e Farmácia.

Já trabalhou em grandes multinacionais no Brasil também e toda essa bagagem profissional ajudou sua companhia a se destacar entre tantas concorrentes que atuam na mesma área.

Vanessa passou por grandes desafios quando decidiu morar nos EUA, pois tem toda uma adaptação com o trabalho, escolas, saudade da família, amigos e a carga horária que as pessoas trabalham no começo até se estabilizar. Ela sempre trabalhou com limpeza em três ou quatro trabalhos ao mesmo tempo, mesmo tendo diferentes qualificações.

"Todos sabem que imigrar para um país diferente é uma decisão bem difícil e importante e tem que ser ponderada com os prós e contras.

Quanto mais preparado você estiver melhor e mais fácil é a transição, seja com recursos financeiros ou intelectuais. Aqui é o país das oportunidades, mas elas geralmente surgem para os mais preparados.

Buscar informação é muito importante, principalmente a respeito de moradia, trabalho, escola, pois o custo de vida é muito alto. Aqui, você pode comprar o que quiser. Tudo dependerá do quanto está disposto a trabalhar.

E importante conhecer a cultura do país, aprender o idioma e investir tempo em contatos profissionais com diferentes áreas de trabalho, pois assim surgem as grandes oportunidades, tanto de business diretos como indiretos.

O idioma ajuda a pular degraus, pois comunicando-se com o cliente é mais fácil transmitir credibilidade e lidar com as situações que podem surgir no dia a dia

Acredito que medo, insegurança e a procrastinação acabam sendo os maiores desafios dos imigrantes quando pensam em empreender. Alguns pelo fato de não conseguirem se comunicar e outros por desconhecerem os seus direitos como imigrantes.

Atualmente, minha companhia conta com a ajuda de mais de dez profissionais que atendem mais de 200 clientes regulares todos os meses sem contar as limpezas de compra e venda de casas e pós construções.

Tudo começa com humildade, respeito e comunicação e é dessa forma que tenho agido com meus profissionais e clientes e tem dado certo. Ninguém consegue crescer sozinho. Uma equipe com os mesmos objetivos é imprescindível e o ditado que é usado para os filhos sobre deixá-los voarem quando tiverem asas é real em qualquer situação. Os profissionais que nos ajudam são treinados e, no momento que eles estão preparados, irão voar e ter seu próprio business e é maravilhoso saber que você teve uma porcentagem de participação nessa etapa e conquista. Sempre sou muito aberta com nossas profissionais, pois conhecendo seus objetivos tudo fica mais fácil e transparente.

Ver o próximo suceder é muito gratificante. Trocar experiências e conhecimento agrega muito valor no ser humano.

Nunca imaginei que trabalharia com limpeza quando mudei para os EUA e hoje me sinto grata por ter optado em continuar nesse segmento, pois estou colhendo os frutos que plantei desde que cheguei aqui.

Muitos me perguntam o que o sucesso significa para mim e eu sempre respondo que sucesso é alcançar os sonhos e as metas planejadas ao lado das pessoas que amam e torcem por você.

Sinto-me privilegiada em ter alcançado essas metas, pelos frutos que venho colhendo de um trabalho árduo e muitos desafios e a qualidade de vida e estabilidade financeira que hoje consigo ter. É muito gratificante poder ajudar as pessoas e fazer a diferença na vida delas, seja através dos meus serviços como

Cleaner, como provedora de empregos ou como coaching para pessoas que têm os mesmos objetivos, mas não têm conhecimento ou experiência para colocá-los em prática.

Novas metas, ideias e desafios são traçados diariamente e isso é supermotivante, pois aprender com os erros nos torna pessoas e profissionais melhores."

vanessaregnerycleaningservices@gmail.com
Site pessoal ou Blog: www.facebook.com/Vanessaregnerycleaningservices/

Rotary Club Boca Raton West

VÂNIA AMORIM
Finalista
Melhor Ação Social nos EUA

O Rotary Club foi fundado no estado do Illinois, em 1905, por Paul Harris, e somente em 1989 as mulheres começaram a ser aceitas como membros nos clubes e, no próximo ano, 2022-2023, teremos a canadense Jennifer Jones como a Primeira Presidente Internacional.

Em reconhecimento ao papel ímpar elaborado pelo Rotary, o dia 5 de novembro foi instituído como o dia do ROTARY na ONU, anualmente celebrado em sua sede em Nova York.

Uma das nossas maiores forças é unir pessoas de todos os continentes, culturas e ocupações. O Rotary é uma organização mundial de mais de 1,2 milhão de líderes empresariais, educadores, religiosos e interessados em fazer a diferença na comunidade em que vivemos.

Para resolver problemas reais, é preciso compromisso, visão e pessoas que entram em ação. Com dedicação, energia e inteligência, buscamos projetos sustentáveis, estamos sempre procurando maneiras de criar um mundo melhor.

Somos pessoas em ação, conectamos pessoas de perspectivas diferentes para trocar ideias, fazer amizades e, acima de tudo, transformar o mundo.

Solucionamos problemas, usando nossa experiência profissional e compromisso pessoal, buscamos soluções inovadoras para garantir a saúde, estabilidade e prosperidade de comunidades em todo o globo.

Criamos oportunidades, encontramos maneiras de fazer o bem hoje e investimos nas próximas gerações para garantir um amanhã melhor.

Fortalecemos comunidades e colaboramos com líderes comunitários para realizar projetos que tenham impacto real e duradouro na vida das pessoas.

Como uma rede global dedicada à construção de um mundo onde as pessoas se unem e entram em ação para causar mudanças duradouras, o Rotary valoriza a diversidade, equidade e inclusão e celebra contribuições de seres humanos de todas as origens, independentemente de idade, etnia, raça, cor, habilidade, religião, status socioeconômico, cultura, sexo ou orientação sexual.

Somos 100% voluntários e sempre buscamos novos membros para nossas ações sociais.

Reiniciamos nossos encontros presenciais, porém, devido à pandemia, ainda manteremos nossas reuniões via Zoom. Nossos encontros são todas as quintas-feiras às 7 da noite, horário Leste Americano, na Cidade de Boca Raton, na Flórida.

O Rotary Club Boca Raton West foi o primeiro clube com reuniões totalmente em português nos Estados Unidos da América. Somos 15 membros em nosso clube e temos vários projetos já concluídos e em andamento. Dentre eles: Conscientização sobre a Hepatite, Intercâmbio de estudantes internacionais, Vamos Falar Português – ensino da língua portuguesa aos filhos dos imigrantes brasileiros, erradicação da poliomielite, entrega de dicionários nas escolas, bibliotecas comunitárias (livros em português, grátis, disponíveis para leitura), Apoio a mulheres e crianças que sofrem abuso doméstico, doação de brinquedos no Natal, combate ao tráfico humano, doação de cabelo para hospitais do câncer (fazer perucas), banco de leite, cadeiras de roda usadas enviadas ao Brasil.

O objetivo do Rotary é estimular e fomentar o Ideal de Servir como base de todo empreendimento digno, bem como a ajuda ao próximo, promovendo e apoiando: o desenvolvimento do companheirismo como elemento capaz de proporcionar oportunidade de servir; o reconhecimento do mérito de toda a ocupação útil e a difusão das normas de ética profissional; a melhoria da comunidade pela conduta exemplar de cada um na sua vida pública e privada; a aproximação dos profissionais de todo o mundo, visando a consolidação das boas relações, da cooperação e da paz entre as nações.

Os clubes não são políticos, não são religiosos e estão abertos a todas as culturas, raças e credos.

Somos guiados pela Prova Quádrupla, que diz:

✓ É a verdade?
✓ É justo para todos os interessados?
✓ Criará boa vontade e melhores amizades?
✓ Será benéfico para todos os interessados?

Por acreditar em encontrar soluções para muitos problemas mundiais, os 35.000 Rotary Clubs em mais de 200 países e áreas geográficas trabalham para:

✓ Promover a paz
✓ Combater doenças
✓ Fornecimento de água limpa e saneamento
✓ Cuidar da saúde de mães e filhos

✓ Apoiar a educação

✓ Favorecer o desenvolvimento econômico

vaniaamorim@hotmail.com

HIGH PROFILE
MAGAZINE

Parceiros

Em respeito à decisão de alguns premiados e finalistas, as suas biografias não foram publicadas nesta obra.

Estamos gratos pela participação de todos.

Nossos sinceros agradecimentos.

Rafael dos Santos
& toda a equipe.